Bernie Rieder

ÖSTERREICHISCHE KÜCHE

Die Klassiker

BERNIE RIEDER

Österreichische Küche

Die Klassiker

Mit Fotografien
von Kurt-Michael Westermann

braumüller

ÖSTERREICHISCH – ODER WAS?

Wiener Schnitzel, Tafelspitz, Schweinsbraten, Backhendl, Eiernockerl, Krautfleckerl oder Kaiserschmarrn – diese traditionellen Gerichte gehören zu Österreich wie das Riesenrad, der Stephansdom und die Donau. Die österreichische Küche ist ein Kulturgut und hat seit Jahrhunderten Bestand. Kochtraditionen aus den einstigen Kronländern der Monarchie, aus Ungarn, Böhmen und Norditalien, hatten im 19. Jahrhundert unser Kochen geprägt – die österreichische Küche gäbe es ohne diesen interkulturellen Austausch in dieser Form nicht. Das berühmte Schnitzel etwa stammt aus Italien (Venezien), das Gulasch und die Palatschinken aus Ungarn, Golatschen und Knödel aus dem heutigen Tschechien. Und das Bemerkenswerteste: Diese klassischen Rezepte wurden seit jeher nicht verändert, weil sie perfekt schmecken. Unter Verwendung regionaler Lebensmittel demonstriere ich, wie bodenständig und zugleich innovativ die österreichische Küche ist. Ich lade euch mit diesem Kochbuch auf eine kulinarische Reise durch Österreichs Küche ein. Auf vielfachen Wunsch findet ihr in diesem meinem vierten Kochbuch ausschließlich die Klassiker, wie Oma sie bereits kochte. Und nun viel Spaß beim Nachkochen!

INHALT

50 HAUPTSPEISEN

120 SÜSSES

154 ANHANG

RINDSUPPE & EINLAGEN

RINDSUPPE

FÜR 6 PERSONEN

800 g	Beinfleisch
200 g	Rindfleischknochen
2	Markknochen
4 l	Wasser, kalt
2 EL	Olivenöl
1	Zwiebel, mit Schale, halbiert
300 g	Knollensellerie, geschält und in grobe Würfel geschnitten
100 g	Petersilienwurzel, geschält und in Scheiben geschnitten
100 g	Karotten, geschält und der Länge nach halbiert
½	Stange Lauch, ca. 10 cm lang
1	Paradeiser, vom Strunk entfernt und halbiert
1 Bund	Petersilie, Stiele
10	Pfefferkörner
4	Wacholderbeeren
2	Lorbeerblätter
	Salz und Pfeffer

ZUBEREITUNG

Fleisch und Knochen mit brennheißem Wasser unter dem Wasserhahn 2 Minuten abbrühen. In einen Topf geben und 4 l kaltes Wasser dazugießen, langsam aufkochen lassen. In der Zwischenzeit eine Pfanne aufstellen, 2 EL Olivenöl hineingeben und die Zwiebel darin auf der Schnittfläche schwarz rösten – ja, du hast richtig gelesen: schwarz! Wenn die Suppe aufkocht, entsteht ein grauer Schaum, diesen mithilfe eines Schöpfers abschöpfen. Die Suppe soll jetzt nicht mehr kochen, nur ziehen – am besten insgesamt 5 Stunden. Nach 4 Stunden die Zwiebel und alle anderen Zutaten dazugeben. Sollte zu viel Wasser verdampft sein, noch etwas Wasser hinzufügen. Nach den 5 Stunden ist die Suppe fertig, jetzt nur noch abseihen, mit Salz und Pfeffer würzen und mit Einlage nach Wahl genießen.

TIPP *Meine Oma hat das Rindfleisch immer auskühlen lassen und am nächsten Tag einen Rindfleischsalat serviert. Das mitgekochte Gemüse als Suppeneinlage verwenden.*

GRIESSNOCKERL

FÜR 4 PERSONEN

1	Ei
60 g	Butter
120 g	Grieß
	Salz
	Muskatnuss, gerieben

ZUBEREITUNG

Die Butter schaumig rühren. Das Ei langsam einrühren und mit Salz und frisch geriebener Muskatnuss würzen. Den Grieß darunterheben und eine halbe Stunde rasten lassen. Mit 2 Löffeln Nockerl formen und in kochendes Salzwasser oder gleich in die Rindsuppe legen. Einmal aufkochen und zugedeckt ca. 10 Minuten ziehen lassen – den Deckel nicht abnehmen.

FRITTATEN

FÜR 4 PERSONEN

130 g	Mehl
¼ l	Milch
2	Eier
20 g	Butter, flüssig
	Salz und Pfeffer
	Muskatnuss, gerieben
2 EL	Petersilie, gehackt
	etwas Maiskeimöl

ZUBEREITUNG

Das Mehl in eine Schüssel geben und dann langsam die Milch hinzufügen und glatt rühren – dann klumpt der Teig nicht. Eier und flüssige Butter hineingeben, mit Salz, Pfeffer und Muskatnuss würzen und die Petersilie beifügen und verrühren.

In einer Pfanne mit heißem Öl dünne Palatschinken herausbacken. Erkalten lassen und dann zusammenrollen, so kann man sie ganz leicht in dünne Streifen schneiden.

LEBERKNÖDEL GEBACKEN

FÜR 4 PERSONEN

1	Zwiebel, geschält und klein geschnitten
2 EL	Butter
1	Knoblauchzehe, geschält und klein gehackt
130 g	Kalbsleber
2	Semmeln, vom Vortag
50 g	Kalbsnierenfett
1	Ei
40 g	Semmelbrösel
1 TL	Majoran, gehackt
1 EL	Petersilie, gehackt
	Salz und Pfeffer
	Muskatnuss, gerieben
	Butterschmalz zum Herausbacken

ZUBEREITUNG

Die Zwiebel in einer heißen Pfanne mit Butter anschwitzen. Knoblauch dazugeben und kurz mitrösten. Aus der Pfanne nehmen und abkühlen lassen. In der Zwischenzeit die Kalbsleber faschieren. Die Semmeln in kaltem Wasser einweichen, herausnehmen und zwischen beiden Händen gut ausdrücken. Danach ebenfalls faschieren oder ganz klein hacken und in eine Schüssel geben. Mit den restlichen Zutaten verrühren, mit Salz, Pfeffer und Muskatnuss würzen und 30 Minuten im Kühlschrank ziehen lassen. Die Masse aus dem Kühlschrank nehmen und daraus kleine Knödel formen. Einen Topf mit Butterschmalz erhitzen und die Leberknödel darin herausbacken.

LEBERKNÖDEL GEKOCHT

FÜR 4 PERSONEN

2	Zwiebeln, geschält und klein gehackt
2 EL	Butter
1	Knoblauchzehe, geschält und klein gehackt
240 g	Kalbsleber
210 g	Semmelwürfel
2	Eier
30 g	Semmelbrösel
2 EL	Petersilie, gehackt
1 TL	Majoran, gehackt
	Salz und Pfeffer
	Muskatnuss, gerieben

ZUBEREITUNG

Die Zwiebeln in einer heißen Pfanne mit Butter anschwitzen. Knoblauch dazugeben und kurz mitrösten. Aus der Pfanne nehmen und abkühlen lassen.
In der Zwischenzeit die Kalbsleber faschieren. Kalbsleber und Semmelwürfel in einer Schüssel miteinander vermischen. Die anderen Zutaten hinzufügen, gut zusammenrühren und mit Salz, Pfeffer und Muskatnuss würzen. Für 30 Minuten im Kühlschrank ziehen lassen. Herausnehmen, kleine Knödel formen, in kochendes Salzwasser geben und 10 Minuten kochen lassen.

SPARGELCREMESUPPE

FÜR 4 PERSONEN

3 EL Butter
1 Zwiebel, geschält und fein geschnitten
500 g weißer Spargel, geschält und grob geschnitten
2 EL Mehl, glatt
⅛ l Weißwein
750 ml Gemüse- oder Spargelfond
250 ml Schlagobers
Salz und Pfeffer
Muskatnuss, gerieben
2 EL Walnussöl
Kerbel, frisch

ZUBEREITUNG

Einen großen Topf aufstellen und erhitzen. Die Butter hineingeben und darin die Zwiebel rösten, ohne dass sie Farbe nimmt. Den Spargel dazugeben und weiterrösten. Wichtig: die ganze Zeit über umrühren. Das Mehl hinzufügen und bei mittlerer Hitze mitrösten. Nicht zu rühren vergessen, sonst brennt das Mehl an. Mit Weißwein ablöschen und weiterrühren, bis sich das Mehl mit der Flüssigkeit bindet. Mit dem Gemüsefond aufgießen und gut durchrühren, damit sich alles vom Boden löst. Erst jetzt zum Rühren aufhören und die Suppe ca. 10 Minuten kochen lassen, bis der Spargel weich ist. Nur ab und zu umrühren, damit die Suppe nicht anbrennt. Anschließend mit einem Stabmixer pürieren und das Schlagobers hinzufügen. Zum Kochen bringen und mit Salz, Pfeffer und Muskatnuss abschmecken. Die Suppe sollte jetzt eine leichte Bindung haben, dann ist sie perfekt. Noch das Walnussöl auf die Suppe träufeln und mit frischem Kerbel bestreut servieren.

KÜRBISCREMESUPPE

FÜR 6 PERSONEN

2 EL	Olivenöl
2	Zwiebeln, geschält und klein geschnitten
4	Knoblauchzehen, geschält und klein geschnitten
500 g	Hokkaidokürbis, geschält und grob geschnitten
1 EL	Tomatenmark
2 EL	Paprikapulver, edelsüß
¼ l	Weißwein
1 l	Gemüsefond
1	Lorbeerblatt
3 EL	Crème fraîche
	Salz und Pfeffer
	Kümmel, gemahlen
	Muskatnuss, gerieben
4 EL	Kürbiskernöl
4 EL	Kürbiskerne, geröstet
2 EL	Schnittlauch, frisch geschnitten (nach Belieben)

ZUBEREITUNG

Einen großen Topf aufstellen und heiß werden lassen. Das Olivenöl hineingeben und Zwiebeln und Knoblauch darin goldgelb rösten. Den Hokkaidokürbis mitrösten. Das Tomatenmark dazugeben und ganz kurz bei großer Hitze rösten. Den Topf vom Herd nehmen und 5 Minuten abkühlen lassen – so lässt der Kürbis Wasser und das Tomatenmark verliert seine Säure. Wieder auf den Herd stellen und bei mittlerer Hitze weiterrösten. Paprikapulver dazugeben und 1 Minute mitrösten. Mit Weißwein ablöschen und diesen komplett verdunsten lassen. Gemüsefond und Lorbeerblatt dazugeben und zum Kochen bringen. Die Suppe so lange kochen, bis der Kürbis ganz weich ist. Das Lorbeerblatt herausnehmen und mit einem Stabmixer pürieren. Zur Abrundung des Geschmacks die Crème fraîche hineingeben und mit Salz, Pfeffer, Kümmel und Muskatnuss würzen. Wer möchte, kann auch noch Chili dazugeben. Kernöl und Kürbiskerne im Suppenteller verteilen, die Suppe darauf gießen und nach Belieben mit frisch geschnittenem Schnittlauch servieren.

ERDÄPFELRAHMSUPPE

FÜR 4 PERSONEN

1 EL Olivenöl
3 Scheiben Hamburger Speck, geschnitten (Vegetarier: einfach weglassen)
1 Zwiebel, geschält und klein geschnitten
4 Knoblauchzehen, geschält und klein geschnitten
1 EL Butter
2 Erdäpfel (ca. 800 g), groß, mehlig, geschält und grob geschnitten
¾ l Gemüsefond
2 Lorbeerblätter
¼ l Schlagobers
1 TL Kümmel, gemahlen
Salz und Pfeffer
Muskatnuss, gerieben
2 EL Crème fraîche
1 Basilikumzweig
3 Majoranzweige

ZUBEREITUNG

Einen Topf heiß werden lassen, das Olivenöl hineingeben und darin den Speck knusprig braten. Zwiebel und Knoblauch dazugeben und mitrösten. Wenn sie eine schöne goldgelbe Farbe haben, Butter und Erdäpfel beifügen. Nun ständig rühren, damit nichts anbrennt. Gemüsefond und Lorbeerblätter hinzufügen und so lange kochen, bis die Erdäpfel weich sind. Lorbeerblätter und Speckscheiben herausnehmen und die Suppe pürieren. Schlagobers mit einem Schneebesen einrühren, mit Kümmel, Salz, Pfeffer und Muskatnuss abschmecken und mit Crème fraîche verfeinern.
Basilikum- und Majoranzweige für 10 Minuten in die Suppe legen, damit sich der Geschmack entfalten kann. Danach herausnehmen und die Suppe servieren.

TIPP *Als Einlage empfehle ich Croûtons oder gebratene Speckwürfel.*

PARADEISERSUPPE

FÜR 4 PERSONEN

1	Zwiebel, geschält und klein geschnitten
3	Knoblauchzehen, geschält und klein geschnitten
3 EL	Olivenöl
3 EL	Tomatenmark
6	reife Paradeiser, vom Strunk entfernt und in Spalten geschnitten
500 ml	Gemüsefond
1	Lorbeerblatt
500 ml	Paradeisersaft
4	Basilikumzweige
2	Majoranzweige
	Salz und Pfeffer
	Muskatnuss, gerieben
2 EL	Honig
1	Zitrone, unbehandelt, nur die Schale

ZUBEREITUNG

In einem heißen Topf Zwiebel und Knoblauch im Olivenöl anschwitzen, ohne dass sie Farbe nehmen. Das Tomatenmark dazugeben und unter ständigem Rühren bei mittlerer Hitze weiterrösten. Wenn sich das Tomatenmark am Topfboden anlegt, die Paradeiserspalten dazugeben und weiterrösten, bis fast die gesamte Flüssigkeit verdunstet ist. Gemüsefond und Lorbeerblatt dazugeben und auf die Hälfte einkochen lassen. Paradeisersaft hinzufügen und 5 Minuten kochen lassen. Basilikum- und Majoranzweige dazugeben und die Suppe 15 Minuten beiseite stellen und ziehen lassen. Wieder auf den Herd stellen und nochmals aufkochen. Die Zweige und das Lorbeerblatt herausnehmen und mit dem Stabmixer pürieren. Mit Salz, Pfeffer und Muskatnuss würzen und zum Schluss den Honig und die fein geriebene Schale einer unbehandelten Zitrone einrühren.

TIPP *Die Suppe mit klein geschnittenen Würfeln von getrockneten Paradeisern und frisch gezupftem Basilikum servieren. Brotcroûtons und Sauerrahm passen ebenfalls.*

KNOBLAUCHCREMESUPPE

FÜR 6 PERSONEN

4 EL	Olivenöl
2	Zwiebeln, geschält und klein geschnitten
8–10	Knoblauchzehen, geschält und klein geschnitten
2 EL	Mehl, glatt
1 EL	Aceto balsamico di Modena
1 ½ l	Rindsuppe
1	Lorbeerblatt
⅛ l	Schlagobers
3 EL	Crème fraîche
	Salz und Pfeffer
	Muskatnuss, gerieben

ZUBEREITUNG

Einen großen Topf erhitzen und das Olivenöl hineingeben. Zwiebeln und Knoblauch darin rösten, ohne dass sie Farbe nehmen. Das Mehl kurz mitrösten und mit Balsamicoessig ablöschen. Sofort Rindsuppe und Lorbeerblatt dazugeben und 5 Minuten kochen lassen. Schlagobers beifügen und weitere 3 Minuten kochen lassen. Mit Crème fraîche verfeinern und das Lorbeerblatt herausnehmen. 3 Minuten weiterkochen lassen und mit einem Stabmixer gut durchpürieren. Mit Salz, Pfeffer und Muskatnuss würzen.

TIPP *Am besten mit getoasteten Schwarzbrotscheiben als Einlage genießen.*

CHAMPIGNONCREMESUPPE

FÜR 4 PERSONEN

2 EL	Butter
1	Zwiebel, geschält und klein geschnitten
1	Knoblauchzehe, geschält und fein gehackt
5	Jungzwiebeln, in kleine Ringe geschnitten
350 g	Champignons, geputzt und in Scheiben geschnitten
600 ml	Hendlsuppe
1	Lorbeerblatt
1	Gewürznelke
250 ml	Schlagobers
2	Thymianzweige
	Salz und Pfeffer
	Muskatnuss, gerieben
1 EL	Crème fraîche
4	Champignons, fein gehobelt
3 EL	Petersilie, gehackt

ZUBEREITUNG

Einen Topf heiß werden lassen und die Butter hineingeben. Zwiebel, Knoblauch und Jungzwiebeln darin anschwitzen, ohne dass sie Farbe nehmen. Champignonsscheiben dazugeben und kurz mitrösten. Hendlsuppe, Lorbeerblatt und Gewürznelke dazugeben und zum Kochen bringen.
5 Minuten stark kochen lassen. Schlagobers dazugeben und weitere 5 Minuten kochen lassen. Thymian hinzufügen und die Suppe für 20 Minuten beiseite stellen, damit sich der volle Geschmack entfalten kann. Danach nochmals aufkochen. Thymian, Lorbeerblatt und Gewürznelke herausnehmen und pürieren. Mit Salz, Pfeffer und Muskatnuss abschmecken und zur Abrundung die Crème fraîche hineinpürieren. Mit den frisch gehobelten Champignons und der gehackten Petersilie bestreut servieren.

MEHLNOCKERLSUPPE

FÜR 4 PERSONEN

1 l	Gemüsefond oder Wasser mit Suppenwürfel
280 g	tiefgekühlte Erbsen
5 EL	Maiskeimöl
4 EL	Mehl, glatt
	Salz und Pfeffer
	Muskatnuss, gerieben
2 EL	Petersilie, gehackt

ZUBEREITUNG

Den Gemüsefond aufkochen, die Erbsen hinzufügen und bissfest kochen. Abseihen und den Fond unbedingt auffangen. Das Öl in einen heißen Topf geben, das Mehl hinzufügen und bei mittlerer Hitze 1–2 Minuten unter ständigem Rühren anschwitzen.
Mit dem Gemüsefond aufgießen und ein paar Minuten kochen lassen, bis die Suppe eine leichte Bindung hat. Mit Salz, Pfeffer und Muskatnuss abschmecken. Aufkochen lassen, Erbsen und gehackte Petersilie dazugeben und mit Mehlnockerln servieren.

MEHLNOCKERL

FÜR 4 PERSONEN

75 g	Butter
125 g	Mehl, glatt
125 g	Mehl, griffig
125 ml	Milch
3	Eier
	Salz und Pfeffer
	Muskatnuss, gerieben

ZUBEREITUNG

Zuerst die Butter aus dem Kühlschrank nehmen und etwas stehen lassen – sie sollte bei der Verarbeitung handwarm, also ganz weich, aber noch nicht flüssig sein. Glattes und griffiges Mehl in eine Schüssel geben und mit der Milch gut verrühren. Die Eier dazugeben und mit Salz, Pfeffer und Muskatnuss würzen. Die weiche Butter unterrühren und 20 Minuten kalt stellen. Die Masse löffelweise in kochendes Salzwasser einlegen und 8 Minuten zugedeckt leicht kochen lassen. Anschließend 4 Minuten ziehen lassen, abseihen und in der Suppe nochmals aufkochen – fertig!

PAPRIZIERTE FISCHSUPPE

FÜR 4 PERSONEN

3	Knoblauchzehen, geschält und klein geschnitten
150 g	Zwiebeln, geschält und fein geschnitten
	Maiskeimöl
2	rote Paprika, entkernt und in grobe Stücke geschnitten
1 EL	Tomatenmark
1 EL	Paprikapulver, edelsüß
¼ l	Weißwein
1 l	Fischfond
3	Paradeiser, vom Strunk befreit und geviertelt
500 g	Zander- oder Karpfenfilets
	Olivenöl
100 g	geräucherter Bauchspeck, in Würfel geschnitten
	Salz und Pfeffer

ZUBEREITUNG

Knoblauch und Zwiebeln in einem Topf in heißem Öl anrösten. Die Paprika dazugeben und anschwitzen. Das Tomatenmark hinzufügen und mitrösten. Das Paprikapulver beimengen und kurz umrühren. Mit Weißwein ablöschen. Den Fischfond durch ein Sieb dazugießen und kochen lassen. Die Paradeiser in die Suppe geben. Die Fischfilets in Würfel schneiden und in einer heißen großen Pfanne in etwas Olivenöl nur auf der Hautseite braten – es funktioniert besser, wenn man die Hautseite leicht einritzt. Dann dreht sich der Fisch nicht auf. Den knusprig gebratenen Fisch aus der Pfanne nehmen und abtropfen lassen. Das Fett wegschütten und in derselben Pfanne den Speck anrösten. Wenn die Speckwürfel knusprig sind, mit der gesamten Fischsuppe aufgießen. Nochmals 3 Minuten kochen lassen. Mit Salz und Pfeffer würzen und die Suppe mit dem Fisch anrichten.

FISCHFOND

ZUTATEN

2	Fischköpfe und Flossen vom Karpfen oder Zander, gut gewaschen
1	Zwiebel, geschält und grob geschnitten
2	Paradeiser, grob geschnitten
1	Petersilienwurzel, geschält und grob geschnitten
1	Fenchelknolle, grob geschnitten
15	Koriandersamen
10	Fenchelsamen
1	Lorbeerblatt
10	Pfefferkörner
6 cl	Essig
¼ l	Weißwein
2 l	Wasser

ZUBEREITUNG

Alle Zutaten in einen Topf geben, 45 Minuten ziehen lassen und abseihen.

ERDÄPFELSALAT

ZUBEREITUNG

Erdäpfel in der Schale gut waschen und in einen Topf mit reichlich Wasser geben. Eine Prise Salz und etwas Kümmel (desinfizierende Wirkung) hinzufügen und die Erdäpfel so lange kochen, bis sie beim Anstechen vom Messer rutschen. In der Zwischenzeit die Rindsuppe mit Essig, Senf, Kristallzucker, Salz und Pfeffer in einen anderen Topf geben, gut verrühren und aufkochen lassen. Die gekochten Erdäpfel noch heiß schälen – am besten ein Geschirrtuch in die Hand legen und die Erdäpfel darauf geben, so verbrennt man sich nicht – und gleich in Scheiben schneiden. Leicht darüber salzen, pfeffern, das Sonnenblumenöl darüber gießen und vorsichtig umrühren; idealerweise mit einer flachen Plastikspachtel. Aber nicht zu oft, sonst entsteht Püree. 5 Minuten stehen lassen. Danach die noch warme Marinade darüber gießen und ziehen lassen. Wenn der Salat erkaltet ist, die Zwiebeln dazugeben. Wenn notwendig, nochmals nachwürzen und mit Schnittlauch bestreut servieren.

FÜR 4 PERSONEN ALS BEILAGE

1,1 kg	Erdäpfel, speckig oder festkochend in der Schale
1 Prise	Salz und Kümmel (ganz) zum Kochen
500 ml	Rindsuppe oder Wasser mit Rindsuppenpulver
7 EL	Tafel- oder Hesperidenessig
1 EL	Senf
3 EL	Kristallzucker
1 EL	Salz
1 TL	Pfeffer
5 EL	Sonnenblumenöl
2	Zwiebeln, rot, geschält und in kleine Würfel geschnitten
3 EL	Schnittlauch, frisch geschnitten

ERDÄPFEL-MAYONNAISE-SALAT

FÜR 4 PERSONEN ALS BEILAGE

700 g	Erdäpfel, speckig, festkochend
1 Prise	Salz und Kümmel (ganz) zum Kochen
2	Zwiebeln, geschält und klein geschnitten
6 EL	Essigwasser (von den Essiggurkerln) oder 2 EL Weißweinessig mit 4 EL Wasser
200 g	Mayonnaise
1 EL	Crème fraîche
1 EL	Senf, scharf
2 EL	Staubzucker
2 EL	Sonnenblumenöl
1 EL	Salz
	etwas Pfeffer
1 Bund	Schnittlauch, fein geschnitten

ZUBEREITUNG

Erdäpfel in der Schale gut waschen und in einen Topf mit reichlich Wasser geben. Eine Prise Salz und etwas Kümmel (desinfizierende Wirkung) hinzufügen und die Erdäpfel so lange kochen, bis sie beim Anstechen vom Messer rutschen.
In der Zwischenzeit einen kleinen Topf mit ca. 500 ml Wasser zum Kochen bringen. Die Zwiebeln hineingeben, 5 Sekunden kochen, abseihen und mit kaltem Wasser übergießen. Abtropfen lassen.
Essigwasser, Mayonnaise, Crème fraîche, Senf und Staubzucker gut verrühren.
Die Erdäpfel noch warm schälen und in ca. 5 mm dicke Scheiben schneiden.
Sonnenblumenöl und die gekochten Zwiebeln dazugeben und vorsichtig umrühren.
1 EL Salz unterrühren und nach Geschmack pfeffern. Wenn die Erdäpfel nur mehr lauwarm sind, das Dressing darüber geben und eine halbe Stunde im Kühlschrank ziehen lassen. Herausnehmen, abschmecken und mit dem fein geschnittenen Schnittlauch bestreut servieren.

TIPP *Schmeckt besonders gut mit geröstetem Speck.*

GURKENSALAT

KLASSISCH

FÜR 4 PERSONEN ALS BEILAGE

2 Salatgurken
1 EL Salz
10 EL Tafelessig
20 EL Wasser
3 EL Kristallzucker
1 Knoblauchzehe, geschält und klein geschnitten
1 TL Salz
etwas Pfeffer
Dill nach Geschmack

ZUBEREITUNG

Die Gurken schälen, der Länge nach halbieren und mit einem Teelöffel die Kerne herauskratzen. In dünne Halbmonde schneiden und in eine Schüssel geben. 1 EL Salz darüber geben und gut durchmischen. Nach ca. 5 Minuten haben sie genug Wasser gelassen, jetzt gut ausdrücken.
In einer anderen Schüssel Essig, Wasser, Zucker, Knoblauch und 1 TL Salz verrühren, Pfeffer und Dill ganz nach persönlichem Geschmack dazugeben. Die ausgedrückten Gurken hinzufügen, ca. 10 Minuten marinieren lassen und servieren.

TIPP *Dazu passen Eiernockerl. Den Gurkensaft nicht wegschütten, pur oder mit 4 cl Gin und Eis ein herrliches Erfrischungsgetränk.*

RAHMGURKENSALAT

FÜR 4 PERSONEN ALS BEILAGE

2 Salatgurken
1 EL Salz
5 EL Sauerrahm
2 Zitronen, nur der Saft
2 EL Honig
1 TL Salz
1 TL (gestrichen) Cayennepfeffer
etwas Pfeffer

ZUBEREITUNG

Die Gurken schälen, der Länge nach halbieren und mit einem Teelöffel die Kerne herauskratzen. In dünne Halbmonde schneiden und in eine Schüssel geben. Mit 1 EL Salz würzen, gut durchmischen und stehen lassen, bis sie Wasser lassen. Zwischen den Händen gut ausdrücken und in eine neue Schüssel geben. In einer anderen Schüssel Sauerrahm, den Zitronensaft, Honig, Salz, Cayennepfeffer und etwas Pfeffer gut verrühren. Die ausgedrückten Gurken dazugeben, vermengen und 5 Minuten marinieren lassen. Danach nochmals abschmecken.

TIPP *Wer möchte, kann Dill oder etwas Knoblauch dazugeben.*

PARADEISERSALAT

FÜR 4 PERSONEN ALS BEILAGE

6	Paradeiser
2	Zwiebeln, rot, geschält und in kleine Würfel geschnitten
7 EL	Balsamico bianco
1 TL	Kristallzucker
8 EL	Oliven- oder Traubenkernöl
2 EL	Wasser
	Salz und Pfeffer
1 Bund	Schnittlauch, klein geschnitten

ZUBEREITUNG

Die Paradeiser halbieren und den Strunk herausschneiden. In feine Scheiben oder Spalten schneiden und mit den Zwiebeln in einer Schüssel vermengen.

In einer anderen Schüssel den Essig mit Kristallzucker, Olivenöl, Wasser, Salz und Pfeffer gut verrühren und über die Paradeiser und die Zwiebeln gießen – aber bitte erst kurz vor dem Servieren, da die Paradeiser sonst schnell zusammenfallen und nicht lange knackig bleiben! Zum Schluss den Schnittlauch darüber streuen und genießen.

ROTE-RÜBEN-SALAT

FÜR 6 PERSONEN ALS BEILAGE

150 ml	Hesperidenessig
100 ml	Rote-Rüben-Saft (in jeder Drogerie oder jedem Supermarkt erhältlich) oder Wasser
1 EL	Kristallzucker
	Kümmel, gemahlen (nach Belieben auch ganzer Kümmel)
	Salz und Pfeffer
1	Krenwurzen
750 g	Rote Rüben, geschält und gekocht (in jedem Supermarkt erhältlich)

ZUBEREITUNG

Den Essig mit dem Rote-Rüben-Saft mischen und mit Zucker, Kümmel, Salz und Pfeffer abschmecken. Beim Marinieren kommt es auf häufiges Kosten an. Rote-Rüben-Salat verträgt reichlich Salz und Pfeffer. Wenn der Salat zu süß ausfällt, einfach ein wenig Essig dazugeben. Sollte er zu sauer sein, dann etwas Rote-Rüben-Saft oder Wasser hinzufügen.

Den Kren schälen, in 5 mm dicke Scheiben schneiden und zur Marinade geben. Die Roten Rüben in Würfel schneiden, in eine Schüssel legen und die Marinade darüber gießen. Mindestens einen halben Tag ziehen lassen.

KRAUTSALAT

FÜR 4 PERSONEN ALS BEILAGE

1 Kopf	Weißkraut (etwa 650–700 g), fein geschnitten
2 EL	Salz
150 ml	Tafel- oder Apfelessig
600 ml	Wasser
5 EL	Kristallzucker
1 EL	(gestrichen) Salz
1 TL	Kümmel, gemahlen
	etwas Pfeffer
6 EL	Maiskeim- oder Sonnenblumenöl
100 g	Speck, klein gewürfelt
	etwas Öl zum Anbraten

ZUBEREITUNG

Das Kraut mit 2 EL Salz in einer Schüssel gut vermischen und 20 Minuten stehen lassen.

In der Zwischenzeit für die Marinade Essig, Wasser, Kristallzucker und Salz gut verrühren, bis sich alles aufgelöst hat.

Das Kraut fest ausdrücken, bis kein Wasser mehr herauskommt, und in eine trockene Schüssel geben. Den gemahlenen Kümmel, etwas Pfeffer und das Öl dazugeben und gut umrühren. Mit der Marinade übergießen und eine halbe Stunde ziehen lassen. Wichtig: Das Kraut unter die Marinade drücken, damit es gleichmäßig marinieren kann. Eine andere Variante wäre, eine Klarsichtfolie direkt auf den Salat zu geben.

Den Speck mit etwas Öl in einer Pfanne anbraten und mit dem Bratöl über den Salat geben. Bei Bedarf nochmals abschmecken, fertig.

SCHWARZWURZELSALAT

FÜR 4 PERSONEN ALS BEILAGE

1 kg	Schwarzwurzeln
3	Zitronen, nur der Saft
1 l	Wasser
2 EL	Petersilie, gehackt
4 EL	Sauerrahm
2 EL	Mayonnaise
	Salz und Pfeffer
	Cayennepfeffer
80 g	Kristallzucker
100 g	Walnüsse

ZUBEREITUNG

Die Schwarzwurzeln gut waschen, schälen und – ganz wichtig – sofort mit dem Saft 1 Zitrone gut einreiben, sonst werden sie braun. In ca. 4 cm lange Stücke schneiden. 1 Liter Wasser mit dem Saft der 2 Zitronen und einer Prise Salz aufstellen und darin die Schwarzwurzeln für ca. 8 Minuten weich kochen. Abseihen und auf ein Küchentuch geben, damit sie nicht so feucht sind. Gemeinsam mit der gehackten Petersilie in eine Schüssel geben. Sauerrahm, Mayonnaise, Salz, Pfeffer und Cayennepfeffer hinzufügen und abschmecken.

Den Zucker in einen neuen Topf geben und karamellisieren lassen. Die Walnüsse schnell dazugeben und umrühren, bis sich ein Klumpen bildet. Rasch aus dem Topf und am besten auf ein Backpapier geben – damit er abkühlen kann! In einer Küchenmaschine fein reiben. Es eignet sich auch ein Mörser oder noch einfacher in ein Geschirrtuch geben und mit einer kleinen Stielpfanne daraufschlagen. Den Salat nochmals abschmecken und die geriebenen Nüsse darauf verteilen.

TIPP *Wenn du frische Schwarzwurzeln nimmst, bleiben nach dem Schälen von 1 kg ungefähr 600 g übrig.*

SPARGEL

❶ WEISSER SPARGEL GEKOCHT

FÜR 4 PERSONEN

1 kg Solospargel aus dem Marchfeld
2 TL Salz
1 TL Zucker

ZUBEREITUNG

Zuerst den Spargel schälen. Am leichtesten geht es, wenn du die Spargelstange in der linken Hand hältst, flach auf der Handfläche liegend, und sie mit dem Daumen auf der einen und den restlichen Fingern auf der anderen Seite fixierst. Nun von der Spitze bis zum Ende in einem durch Streifen für Streifen abziehen und den Spargel immer drehen. Um zu kontrollieren, ob er ordentlich geschält ist, mit dem Fingernagel deines Daumens am Ende des Spargels einmal im Kreis kratzen. Wenn er nicht gut geschält ist, bleibst du hängen, dann unbedingt nachschälen.
Einen großen Topf mit Wasser zum Kochen bringen.
Salz und Zucker hineingeben und den Spargel vorsichtig hineinlegen, die Spitzen in eine Richtung schauend, und nochmals aufkochen lassen. 8 Sekunden kochen lassen. Den Topf von der heißen Herdplatte schieben und ein zugeschnittenes Backpapier direkt auf das Spargelwasser legen. 11 Minuten ziehen lassen. Den Spargel aus dem Wasser nehmen und mit der Sauce hollandaise (siehe Seite 35) servieren. Auch Butterbrösel oder Basilikumpesto (siehe Seite 49) passen sehr gut.

TIPP *Sollte der Spargel dünner sein – also z. B. Klasse I: 26–28 mm –, dann muss er 3 Minuten kürzer ziehen. Wenn der Spargel ganz frisch ist, die Schalen nicht wegschmeißen, sondern in einem Topf mit Wasser bedeckt 25 Minuten auskochen lassen. So bekommst du einen wunderbaren Fond für eine zukünftige Spargelsuppe.*

❷ SPARGEL IM ROHR GESCHMORT

FÜR 4 PERSONEN

1 kg Solospargel
2 EL Olivenöl oder Nussöl
Salz und Pfeffer
1 Zitrone, unbehandelt, nur die Schale (nach Belieben)

Ich bevorzuge es, den Spargel im Rohr zu schmoren. Ein Gemüse, das zu 94 Prozent aus Wasser besteht, sollte nicht noch zusätzlich in Wasser auslaugen. Viel besser ist es, dem Spargel das Wasser zu entziehen, damit sein Geschmack noch mehr in den Vordergrund tritt.

ZUBEREITUNG

Das Backrohr auf 200 Grad Ober- und Unterhitze vorheizen.
Den Spargel wie im vorherigen Rezept beschrieben schälen und mit beiden Händen die Spargelstangen mit dem Olivenöl gut einreiben. Flach nebeneinander und alle Spitzen in eine Richtung schauend auf ein mit Backpapier ausgelegtes Blech legen und für 20 Minuten ins Rohr geben. Wenn er Farbe bekommen hat und weich geworden ist – am besten mit einer Gabel anstechen und überprüfen –, dann ist er fertig.
In der Zwischenzeit kannst du die Sauce hollandaise (siehe rechts) vorbereiten.
Herausnehmen und mit Salz und Pfeffer würzen. Wer möchte, kann auch die Schale einer unbehandelten Zitrone darüber reiben.

TIPP *Eine besonders köstliche Geschmackskombination ist Nussöl mit geriebener Orangenschale und gekochtem Beinschinken – allemal eine Kostprobe wert.*

SAUCE HOLLANDAISE

FÜR 4 PERSONEN

200 g	Butter
3	Eigelb
½	Zitrone, nur der Saft
2 EL	Spargelwasser (Kochwasser des Spargels), Gemüse- oder Hühnersuppe oder Wasser
1 Prise	Kristallzucker
1 EL	Weißwein
1 EL	Sojasauce
	Salz und Pfeffer
	Cayennepfeffer

ZUBEREITUNG

Die Butter in einem Topf schmelzen, beiseite stellen und etwas abkühlen lassen. Eigelb, den Saft einer halben Zitrone, Spargelwasser, Zucker, Weißwein und Sojasauce in einen Schneekessel geben und über Wasserdampf mit einem Schneebesen schaumig rühren. Ab und zu den Schneekessel anheben und immer weiterschlagen, bis sich das Volumen vergrößert hat. Die Hitze zurückdrehen, sodass das Wasser unter dem Kessel nicht mehr so heiß ist. Die flüssige Butter langsam einrühren, bis eine sämige dicke Sauce entsteht. Wenn du mehr Flüssigkeit dazugibst, wird die Sauce dünner, bei mehr Butter wird sie dicker – so gelangt man leicht zur gewünschten Konsistenz.
Mit Salz, Pfeffer und etwas Cayennepfeffer abschmecken. Wer es gerne säuerlicher hat, fügt mehr Zitrone hinzu. Wenn sie kräftiger werden soll, etwas mehr Sojasauce dazugeben.

TIPP *Wenn dir die Sauce hollandaise zu viel Aufwand ist, einfach fertig im Bioladen kaufen – keine Sorge, ich verrate es niemandem ;)*
Mein Tipp zum Verfeinern: Saft von einer ½ Zitrone, Cayennepfeffer, 1 Prise Zucker, Salz, Pfeffer, 1 EL Sauerrahm sowie frisch geschnittenen Schnittlauch dazugeben.

RAHM-KOHLRABI
UND SEINE BLÄTTER MIT ERBSEN

FÜR 2 PERSONEN

2	Kohlrabi, geschält und in 5 mm dicke Scheiben geschnitten
1 Pkg.	Erbsen (250 g)
2 EL	Olivenöl
5	Schalotten, geschält und fein geschnitten
⅛ l	Schlagobers
1	Knoblauchzehe, geschält und fein geschnitten
2 EL	Crème fraîche
	Salz und Pfeffer
	Muskatnuss, gerieben

ZUBEREITUNG

Einen Topf mit 2 l Wasser aufstellen und kochen lassen. Die Kohlrabischeiben darin weich kochen, sodass sie noch bissfest sind. Abseihen – aber dabei darauf achten, den Fond aufzufangen. Diesen wieder in den Topf geben und kochen lassen. Darin die Erbsen weich kochen und abseihen. Dabei wieder den Fond auffangen. Und nicht vergessen: Die Erbsen ja nicht mit kaltem Wasser abschrecken. Den geschmackvollen Fond auf die Hälfte einreduzieren.
Einen weiteren Topf heiß werden lassen, Olivenöl hineingeben und die Schalotten darin anrösten. Mit dem Fond aufgießen. Schlagobers, Knoblauch und Crème fraîche dazugeben und 2 Minuten kochen lassen. Mit Salz, Pfeffer und Muskatnuss würzen, fertig.

TIPP *Frische Kräuter wie Estragon oder Basilikum passen gut dazu.*

EIERSCHWAMMERLGULASCH
MIT SERVIETTENKNÖDELN

FÜR 4 PERSONEN

2 EL	Olivenöl
3	Zwiebeln, geschält und fein geschnitten
700 g	Eierschwammerl, geputzt
2	Paradeiser, reif, grob geschnitten
50 g	getrocknete Paradeiser, klein gewürfelt
3	Knoblauchzehen, geschält und klein geschnitten
3 EL	Paprikapulver, edelsüß
1/16 l	Weißwein
½ l	Schlagobers
1	Lorbeerblatt
1	Chili, entkernt und klein geschnitten
1 EL	Crème fraîche
	Salz und Pfeffer
	Muskatnuss, gerieben

ZUBEREITUNG

Eine große Pfanne auf den Herd stellen, heiß werden lassen und das Olivenöl hineingeben. Die Zwiebeln darin gut anrösten, die Eierschwammerl dazugeben und mitrösten, bis sie kein Wasser mehr lassen. Die Paradeiserwürfel hinzufügen und weiterrösten. Nun den Knoblauch dazugeben und anschließend das Paprikapulver. Dieses nur ganz kurz mitrösten und gleich mit dem Weißwein ablöschen. Verdunsten lassen und mit Schlagobers auffüllen. Zum Kochen bringen. Lorbeerblatt, Chili und Crème fraîche beigeben und so lange weiterkochen, bis eine cremige Konsistenz entsteht. Mit Salz, Pfeffer und Muskatnuss abschmecken und mit Serviettenknödeln servieren.

SERVIETTENKNÖDEL

FÜR 4 PERSONEN

8	Semmeln vom Vortag
125 ml	Milch
200 g	Butter
6	Eier
	Salz und Pfeffer
	Muskatnuss, gerieben
	Maiskeim- oder Sonnenblumenöl

ZUBEREITUNG

Die Semmeln grob entrinden, in Würfel schneiden und in der Milch einweichen. Die Butter aufschlagen, bis sie weiß ist und sich ihr Volumen verdoppelt hat. Die Eier trennen. Das Eigelb langsam in die Butter rinnen lassen und aufschlagen. Das Eiweiß mit 1 Prise Salz steif schlagen. Die Semmeln unter die Buttermasse rühren, mit Salz, Pfeffer und Muskatnuss würzen und den Schnee vorsichtig unterheben. Eine Alufolie mit etwas Öl bestreichen – oder die Masse in eine feuchte Serviette eindrehen (ohne Öl) – und die Knödelmasse darauf geben. Die Folie einrollen und die Enden zusammendrehen. In kochendes Wasser geben, die Temperatur zurückdrehen und die Knödel zugedeckt 25 Minuten ziehen lassen.

TIPP *Wer möchte, kann 3 EL gehackte Petersilie in die Masse geben.*

DILLFISOLEN
MIT SEMMELKNÖDELN

FÜR 4 PERSONEN

600 g	Fisolen, geputzt, gewaschen und in 3 cm dicke Stifte geschnitten
2 EL	Olivenöl
3 EL	Butter
3	Zwiebeln, geschält und fein gehackt
3 EL	Mehl, glatt
2 cl	Balsamico bianco
¼ l	Milch
¼ l	Geflügelfond
2	Lorbeerblätter
2	Knoblauchzehen, geschält und klein geschnitten
2	Wacholderbeeren
100 g	Sauerrahm
150 g	Käferbohnen, vorgekocht
	Salz und Pfeffer
	Muskatnuss, gerieben
1 Msp.	Kümmel, gemahlen
2 EL	Dill, frisch gehackt

ZUBEREITUNG

Einen großen Topf mit Wasser und 1 EL Salz aufstellen und das Wasser zum Kochen bringen. Die Fisolen hineingeben und bissfest kochen. Abseihen und mit kaltem Wasser abschrecken. Den Topf wieder auf den Herd stellen und erneut heiß werden lassen. Öl und Butter hineingeben und darin die Zwiebeln glasig anrösten. Das Mehl ein wenig mitrösten. Mit Balsamicoessig ablöschen und verdunsten lassen. Milch, Geflügelfond, Lorbeerblätter, Knoblauch und Wacholderbeeren dazugeben und kochen lassen, bis die Sauce eine Bindung bekommt. Den Sauerrahm unterrühren. Die gekochten Fisolen und Käferbohnen dazugeben und 2 Minuten kochen lassen. Mit Salz, Pfeffer, Muskatnuss und Kümmel abschmecken.
Den Dill darüber streuen und fertig ist ein wunderbares Gericht aus meiner Heimat, dem Burgenland. Mit Semmelknödeln genießen.

SEMMELKNÖDEL

FÜR 4 PERSONEN

250 g	Semmelwürfel, getrocknet
1	Zwiebel, geschält und fein geschnitten
	etwas Maiskeim- oder Sonnenblumenöl
200 ml	Milch
	Salz und Pfeffer
	Muskatnuss, gerieben
1 TL	Mehl, glatt
2	Eier
2 EL	Petersilie, gehackt

ZUBEREITUNG

Die Semmelwürfel in eine große Schüssel geben. Die Zwiebel in einem heißen Topf in etwas Öl goldgelb anschwitzen. Mit der Milch aufgießen und aufkochen. Mit Salz, Pfeffer und Muskatnuss würzen und über die Semmelwürfel gießen. Gut umrühren und 10 Minuten ziehen lassen. Das Mehl unterrühren. Die Eier dazugeben, nochmals abschmecken und gut verrühren. Erneut 10 Minuten ziehen lassen. Die gehackte Petersilie dazugeben und aus der Masse mit feuchten Händen Knödel formen. Die Knödel in kochendes Salzwasser geben und bei mittlerer Hitze zugedeckt 20 Minuten leicht kochen lassen.

TIPP *Für mich die beste Beilage zum Schweinsbraten (siehe Seite 98)! Und wenn dir ein paar Knödel übrig bleiben – oder du Lust und Laune hast, mehr Knödel zu machen –, dann hast du gleich für den nächsten Tag eine köstliche Mahlzeit: Geröstete Knödel mit Ei (siehe Seite 57). Bei der Lagerung bitte Folgendes beachten: die Knödel über Nacht nicht zugedeckt in den Kühlschrank geben. Zudem kann man die fertig gedrehten, noch nicht gekochten Knödel wunderbar einfrieren.*

SPECKLINSEN
MIT ERDÄPFELKNÖDELN

FÜR 4 PERSONEN

600 g Linsen, braun, klein, getrocknet oder vorgekocht
4 EL Maiskeimöl
200 g Hamburger Bauchspeck, in kleine Würfel geschnitten
4 Zwiebeln, geschält und in kleine Würfel geschnitten
4 Knoblauchzehen, geschält und klein geschnitten
30 g Mehl
1 EL Weißweinessig
¾ l Rindsuppe oder Wasser mit Suppengewürz
2 Lorbeerblätter
3 Wacholderbeeren
1 EL Senf, süß
3 EL Senf, scharf
2 EL Aceto balsamico di Modena
Salz und Pfeffer
Muskatnuss, gerieben
⅛ l Schlagobers
2 EL Crème fraîche
2 EL Honig
150 g Essiggurkerl, klein würfelig geschnitten
2 EL Thymian, gehackt
2 EL Petersilie, gehackt
Chili, entkernt und klein geschnitten (nach Belieben)

LINSEN KOCHEN

Getrocknete Linsen müssen über Nacht in reichlich kaltem Wasser eingeweicht werden. Am nächsten Tag das Wasser abschütten und mit frischem Wasser – es sollte mindestens ⅓ mehr Wasser im Topf sein – weich kochen. Wichtig: ohne Salz! Die Kochzeit hängt von den Linsen ab, fast jede Marke hat eine unterschiedliche Garzeit. Ich empfehle, immer wieder zu kosten. Wenn sie gar sind, abseihen. Achtung: Auf keinen Fall kaltes Wasser darüberschütten, sonst bricht die Schale auf und übrig bleibt Matsch. Also die Linsen einfach abseihen und flach auflegen, damit sie schneller auskühlen.

ZUBEREITUNG

Getrocknete Linsen müssen zuerst über Nacht eingeweicht und vorgekocht werden (siehe oben). Vorgekochte Linsen aus der Dose können gleich verwendet werden.
Einen Topf heiß werden lassen, das Öl hineingeben und die Speckwürfel darin knusprig rösten. Die Zwiebeln dazugeben und mitrösten, bis sie eine goldbraune Farbe haben. Den Knoblauch dazugeben, zweimal umrühren und das Mehl mit in den Topf geben. Ebenfalls kurz anschwitzen. Durch das angeröstete Mehl bekommt die Sauce eine Bindung. Mit dem Weißweinessig ablöschen und mit der kalten Rindsuppe aufgießen. Lorbeerblätter und Wacholderbeeren zugeben und kochen lassen. Süßen und scharfen Senf sowie den Balsamicoessig hinzufügen. Mit Pfeffer und Muskatnuss abschmecken. Schlagobers, Crème fraîche und Honig dazugeben und alles gut mit einem Schneebesen aufrühren, damit keine Klumpen bleiben. Die Linsen beifügen und mit Salz und noch etwas Pfeffer sowie Muskatnuss würzen. Essiggurkerl, Thymian und Petersilie dazugeben. Wer möchte, kann den Linsen mit Chili noch etwas Schärfe verleihen. Die Specklinsen mit Erdäpfelknödeln servieren.

ERDÄPFELKNÖDEL

FÜR 4 PERSONEN

500 g	Erdäpfel, mehlig	1	Ei
100 g	Mehl, griffig	2	Eigelb
50 g	Mehl, glatt		etwas Pfeffer
20 g	Weizengrieß		Muskatnuss, gerieben
50 g	weiche Butter		

ZUBEREITUNG

Die Erdäpfel bereits am Vortag mit der Schale kochen und heiß schälen. Gleich mit einer Erdäpfelpresse pressen. Auskühlen lassen und in ein Backpapier einrollen.
Am nächsten Tag nochmals fein passieren – am besten wieder mit einer Erdäpfelpresse. Die Erdäpfel mit den restlichen Zutaten zu einem Teig verkneten und den Teig mit Klarsichtfolie zugedeckt ca. 45 Minuten im Kühlschrank rasten lassen. Aus dem Teig Knödel formen und diese in kochendes Salzwasser geben. Die Temperatur zurückdrehen und zugedeckt ca. 12 Minuten ziehen lassen.

LINSENPÖRKÖLT

FÜR 2 PERSONEN

400 g	Linsen, braun, getrocknet oder vorgekocht
2 EL	Maiskeimöl
200 g	geräucherter Speck, in kleine Würfel geschnitten
5	Zwiebeln, geschält und klein geschnitten
4	Knoblauchzehen, geschält und klein geschnitten
2	Paprika, rot, entkernt und in kleine Würfel geschnitten
1 EL	Tomatenmark
2 EL	Paprikapulver, edelsüß
2 EL	Aceto balsamico di Modena
¾ l	Rindsuppe
1	Lorbeerblatt
5 EL	Ketchup
	Salz und Pfeffer
	Kümmel, gemahlen
1 EL	Crème fraîche
3 EL	Thymian, gehackt
3 EL	Olivenöl
	Chili, entkernt und klein geschnitten (nach Belieben)
4 EL	Schnittlauch, fein geschnitten

ZUBEREITUNG

Getrocknete Linsen müssen zuerst über Nacht eingeweicht und vorgekocht werden (siehe Seite 42). Vorgekochte Linsen aus der Dose können gleich verwendet werden. Einen Topf heiß werden lassen, das Öl hineingeben und die Speckwürfel darin knusprig rösten. Die Zwiebeln dazugeben und mitrösten, bis sie eine goldbraune Farbe haben. Knoblauch und Paprikawürfel dazugeben und ein wenig mitrösten. Das Tomatenmark dazugeben und kurz mitrösten. Jetzt das Paprikapulver dazugeben, schnell einmal umrühren und sofort mit dem Balsamicoessig ablöschen – er wird gleich verdunsten. Rasch mit der Rindsuppe aufgießen und mit einem Schneebesen gut verrühren. Das Lorbeerblatt hineingeben und kochen lassen. Das Ketchup unterrühren und weiterkochen lassen. Wenn die Sauce eine sämige Konsistenz bekommt und dicker wird, ein wenig mit Pfeffer und Kümmel abschmecken. Die Crème fraîche unterrühren. Wer es gerne cremiger hätte, kann auch mehr hinzugeben. Abschmecken – es sollte etwas süßlich, aber pikant schmecken. Die Linsen hineingeben und umrühren. Die Hitze reduzieren, jetzt sollte es nicht mehr stark kochen. Den Thymian dazugeben und noch einmal abschmecken: mit Salz, Pfeffer und Olivenöl, vielleicht noch etwas Knoblauch oder Ketchup oder für mehr Schärfe noch etwas Chili dazugeben. Zuletzt den Schnittlauch darüber streuen und mit etwas Crème fraîche oder Sauerrahm servieren.

KRAUTVARIATIONEN

ROTKRAUT MIT BRIOCHE-SERVIETTENKNÖDELN

ROTKRAUT FÜR 4 PERSONEN

1 Stk.	Rotkrautkopf
3	Äpfel
3	Zitronen, nur der Saft
250 ml	Orangensaft
250 ml	Rotwein
3 EL	Powidl
3 EL	Preiselbeeren
8	Wacholderbeeren
4	Nelken
1 TL	Zimt, gemahlen
3 EL	Olivenöl
4	Zwiebeln, geschält und in 5 mm dicke Scheiben geschnitten
100 g	Kristallzucker
	Salz und Pfeffer
1 TL	Maisstärke
2 EL	Enten- oder Gänsefett (nach Belieben)

ZUBEREITUNG

Bereits am Vortag das Rotkraut beizen. Hierfür den Rotkrautkopf vierteln, den Strunk herausschneiden und in 2 mm dicke Streifen schneiden. Die Äpfel schälen, das Kerngehäuse entfernen und in Scheiben schneiden. Die Rotkrautstreifen mit Zitronensaft, Orangensaft, Rotwein, Powidl, Preiselbeeren, Äpfeln und Gewürzen in einer Schüssel gut vermischen und über Nacht beizen lassen. Am nächsten Tag einen Topf aufstellen, heiß werden lassen und das Olivenöl hineingeben. Die Zwiebeln darin anrösten. Kristallzucker dazugeben und leicht karamellisieren lassen. Nun das eingebeizte Rotkraut zugeben und bei kleiner Flamme ca. 40 Minuten weich dünsten. Mit Salz und Pfeffer würzen. 1 TL Maisstärke mit 3 EL Wasser vermengen und das Rotkraut damit binden. Nochmals kosten und nach eigenem Ermessen mit Zitronensaft oder Zucker abschmecken. Wer möchte, das Enten- oder Gänsefett hinzufügen.

KNÖDEL FÜR 4 PERSONEN

1 Stk.	Briochestriezel (500 g)
3 EL	Milch
170 g	Butter
4	Eigelb
	Salz und Pfeffer
	Muskatnuss, gerieben
4	Eiweiß, zu festem Schnee geschlagen
	etwas Öl

ZUBEREITUNG

Den Striezel entrinden, in 3 x 3 cm große Würfel schneiden und mit der Milch befeuchten. Die Butter aufschlagen, Eigelb dazugeben und weiterschlagen. Unter die Briochewürfel rühren und mit Salz, Pfeffer und Muskat würzen. Den Eischnee unter die Masse heben. Eine Alufolie leicht mit etwas Öl bestreichen, die Masse darauf geben, einrollen und die Enden zusammendrehen. In kochendes Wasser geben, die Temperatur zurückdrehen und die Knödel zugedeckt 20 Minuten ziehen lassen. Herausnehmen und 5 Minuten auskühlen lassen. Aus der Folie nehmen und mit dem Rotkraut genießen.

SAUERKRAUT MIT BREZNKNÖDELN

SAUERKRAUT FÜR 4 PERSONEN

- 12 EL Olivenöl
- 250 g Wurzelspeck, in Würfel geschnitten
- 4 Zwiebeln, geschält und fein geschnitten
- 3 EL brauner Zucker
- ¼ l gelber Muskateller
- 700 g Sauerkraut, unter fließendem kalten Wasser gewaschen
- 14 Pfefferkörner
- 10 Wacholderbeeren
- 2 Lorbeerblätter
- 2 TL Gemüsesuppenpulver
- 1 TL Kümmel, gemahlen
- 5 EL Honig
- Salz und Pfeffer
- 2 Äpfel, geschält und fein gerieben

ZUBEREITUNG

Einen großen Topf heiß werden lassen, 3 EL Olivenöl hineingeben und den Wurzelspeck darin knusprig braten. Die Zwiebeln dazugeben und weiterrösten. Den braunen Zucker beigeben und kurz karamellisieren lassen. Mit dem Muskateller ablöschen. Fast wegreduzieren und erst dann das Sauerkraut hinzufügen. Kurz miträsten und anschließend knapp mit Wasser bedecken – das Kraut soll noch zu sehen sein. Pfefferkörner, Wacholderbeeren und Lorbeerblätter dazugeben und weich kochen lassen. Die Kochzeit richtet sich sehr stark nach dem Sauerkraut, das man gekauft hat. Am besten nach 25 Minuten alle 5 Minuten kosten. Es benötigt maximal 45 Minuten. Gemüsesuppenpulver, Kümmel, Honig dazugeben und mit Salz und Pfeffer abschmecken. Die Äpfel hinzufügen, kurz mitkochen und nochmals abschmecken. Zuletzt 9 EL Olivenöl dazugeben. Das macht das Sauerkraut runder und schmeckt wirklich sehr gut.

TIPP *Wem es nicht sauer genug ist, einfach noch ein paar Tropfen Weißweinessig dazugeben.*

BREZNKNÖDEL FÜR 4 PERSONEN

- 250 g Brezn oder Laugenstangerl, mindestens 2 Tage alt
- etwas Maiskeimöl
- 1 Zwiebel, geschält und klein geschnitten
- 1 Knoblauchzehe, geschält und klein geschnitten
- 250 ml Milch
- 2 EL Petersilie, gehackt
- 1 EL Majoran, gehackt
- Salz und Pfeffer
- Muskatnuss, gerieben
- 2 Eier

ZUBEREITUNG

Die Brezn in 1 cm große Würfel schneiden. In eine heiße Pfanne etwas Öl hineingeben und Zwiebel und Knoblauch darin rösten. Mit der Milch ablöschen und einmal aufkochen lassen. Über die Breznwürfel leeren und 10 Minuten ziehen lassen. Petersilie und Majoran dazugeben und mit Salz, Pfeffer und Muskatnuss abschmecken. Die Eier dazugeben und nochmals durchrühren. Ein Stück Alufolie in der passenden Größe auflegen, ein Stück Klarsichtfolie darüber legen und die Masse darauf geben. Zu einer Rolle formen, gut einwickeln und die Enden fest zusammendrehen. Die Knödel in reichlich kochendes Wasser geben, die Temperatur zurückdrehen und die Knödel zugedeckt mindestens 35 Minuten ziehen lassen. Herausnehmen, auswickeln und in Scheiben schneiden. Wer möchte, kann die Knödelscheiben noch in einer Pfanne mit Butter braten. Mit dem Sauerkraut auf Tellern anrichten und servieren.

PARADEISKRAUT MIT ERDÄPFELN UND BASILIKUMPESTO

PARADEISKRAUT FÜR 4 PERSONEN

8 EL Olivenöl
3 Zwiebeln, geschält und fein geschnitten
4 Knoblauchzehen, geschält und klein geschnitten
3 EL Tomatenmark
1 TL Paprikapulver, edelsüß
2 cl Apfelessig
4 reife Paradeiser, vom Strunk entfernt und in grobe Würfel geschnitten
3 EL Kristallzucker
700 g Sauerkraut, gut mit kaltem Wasser gewaschen
¾ l Paradeisersaft
2 Lorbeerblätter
4 EL getrocknete Paradeiser, klein geschnitten
Salz und Pfeffer
Tabasco
1 TL Maisstärke
2 EL Honig

ZUBEREITUNG

Einen großen Topf heiß werden lassen, 2 EL Olivenöl hineingeben und Zwiebeln und Knoblauch darin schön goldgelb anrösten. Das Tomatenmark dazugeben und die Hitze reduzieren. Es ist wichtig, dass du das Tomatenmark so lange wie möglich röstest, ohne dass es sich anlegt. Das Paprikapulver dazugeben, kurz mitrösten und mit Apfelessig ablöschen. Ist der Essig verdunstet, gleich die Paradeiserwürfel dazugeben und weiterrösten, bis der Saft wegreduziert ist. Den Kristallzucker dazugeben und leicht karamellisieren lassen. Sauerkraut und Paradeisersaft hinzufügen und auf die Hälfte reduzieren. Lorbeerblätter und getrocknete Paradeiser dazugeben. Ca. 35 Minuten kochen lassen. Mit Salz, Pfeffer und ein paar Spritzern Tabasco würzen. 1 TL Maisstärke mit 3 EL Wasser vermengen und das Paradeiskraut damit binden. Den Honig dazugeben und 6 EL Olivenöl gut unterrühren. Nochmals kosten und nach Belieben abschmecken: Auf jeden Fall mit Salz und Pfeffer. Und wer möchte, kann etwas Chili für mehr Schärfe hinzufügen. Für mehr Säure, noch Zitronensaft. Für ein süßeres Kraut noch etwas Honig untermischen.

ERDÄPFEL FÜR 4 PERSONEN

4 EL	Olivenöl
12	Erdäpfel, klein, speckig, in der Schale gekocht und geschält
6 EL	Basilikumpesto
	Salz und Pfeffer

ZUBEREITUNG

Das Backrohr auf 200 Grad Ober- und Unterhitze vorheizen.
Eine große Pfanne heiß werden lassen, das Olivenöl hineingeben und die Erdäpfel darin kurz anbraten. Die Pfanne mit den Erdäpfeln für 8 Minuten ins Rohr stellen, damit sie nachknuspern können. Nach 4 Minuten einmal durchschütteln. Die Pfanne mit einem Geschirrtuch herausnehmen – sonst verbrennt man sich die Finger –, auf den Herd stellen und unter ständigem Durchschwenken das Basilikumpesto dazugeben. Mit Salz und Pfeffer würzen. Wer möchte, kann auch noch Parmesan darüber hobeln und Pinienkerne darüber streuen. Mit dem Paradeiskraut ein Gedicht.

FÜR DAS PESTO

100 g	Pinienkerne
80 g	Parmesan, gerieben
1/16 l	Olivenöl
3	Knoblauchzehen, geschält und klein geschnitten
60 g	Basilikumblätter
	Salz und Pfeffer

ZUBEREITUNG

Das Backrohr auf 160 Grad Ober- und Unterhitze vorheizen. Die Pinienkerne auf einem mit Backpapier ausgelegten Backblech so lange ins Rohr geben, bis sie eine gleichmäßige, schön goldbraune Farbe haben. Dies dauert ca. 10 Minuten. Herausnehmen und abkühlen lassen. Gemeinsam mit Parmesan, Olivenöl und Knoblauch in einem Mörser oder einer Moulinette pürieren. Die Basilikumblätter dazugeben, nochmals pürieren und mit Salz und Pfeffer nach Geschmack würzen. Zum Lagern in den Kühlschrank stellen.

WIRTSHAUSKLASSIKER

KÄSESPÄTZLE

FÜR 4 PERSONEN

190 ml	Milch
6	Eier
500 g	Mehl, glatt
1 EL	Butter, flüssig
	Salz und Pfeffer
2 EL	Schweineschmalz oder Olivenöl
	Muskatnuss, gerieben
1 Stk.	Graukäse oder intensiver Hartkäse
2 EL	Schnittlauch, klein geschnitten

ZUBEREITUNG

Milch und Eier gut miteinander verrühren und langsam unter ständigem Rühren zum Mehl gießen. Mit einem Kochlöffel die flüssige Butter dazugeben und den Teig so richtig glatt schlagen. In den Kühlschrank geben und 30 Minuten rasten lassen. In einem großen Topf Wasser und etwas Salz zum Kochen bringen. Den Teig entweder mit einem Messer von einem Brett ins Wasser schaben oder dafür einen Spätzlehobel verwenden – für Ungeübte eindeutig die bessere Wahl, geht viel einfacher. Die Spätzle kochen lassen, bis sie an der Oberfläche schwimmen.

Parallel dazu eine Pfanne heiß werden lassen und das Schweineschmalz hineingeben.

Die Spätzle abseihen, ohne sie kalt abzuschrecken, und gleich in die heiße Pfanne geben. Muskatnuss hineingeben, den Käse darüber reiben und gut durchschwenken. Ein wenig frisch geriebenen Pfeffer darauf verteilen und mit Schnittlauch bestreuen.

SCHINKENFLECKERL

FÜR 4 PERSONEN

200 g	Fleckerl
100 g	Butter
40 g	Mehl, glatt
¼ l	Milch
	Salz und Pfeffer
	Muskatnuss, gerieben
3	Eier
¼ l	Sauerrahm
	etwas Maiskeimöl
2	Zwiebeln, geschält und klein geschnitten
250 g	Selchschinken oder geselchter Schopf, gekocht und in Würfel geschnitten
3 EL	Petersilie, gehackt
1 EL	Majoran, gezupft
2 EL	Bergkäse, gerieben
1 EL	Semmelbrösel

ZUBEREITUNG

Die Fleckerl in reichlich Salzwasser weich kochen, abseihen und abschrecken.
Für die Béchamelsauce 40 g Butter in einem Topf erhitzen. Das Mehl mit einem Schneebesen einrühren und ein wenig rösten lassen. Mit der Milch aufgießen und unter ständigem Rühren zum Kochen bringen. Vorsicht: Sie brennt gerne an. Mit Salz, Pfeffer und Muskatnuss würzen und beiseite stellen. Das Backrohr auf 180 Grad Ober- und Unterhitze vorheizen. 60 g Butter in einer Schüssel schaumig rühren. Die Eier trennen. Eigelb in die Butter geben und weiterschlagen. Sauerrahm und Béchamelsauce unterheben und mit Salz, Pfeffer und Muskatnuss würzen. Eiweiß zu festem Schnee schlagen. Einen Topf erhitzen, etwas Öl hineingeben und die Zwiebeln darin anrösten. Den in Würfel geschnittenen Schinken hinzufügen und mitrösten. Den Topf von der Flamme nehmen und die gekochten Fleckerl einrühren. Mit Salz und Pfeffer abschmecken. Petersilie, Majoran und die Béchamelmasse unterrühren und den Schnee vorsichtig unterheben. In eine feuerfeste Form geben und mit Bergkäse und Brösel bestreuen. Für 25 Minuten im Rohr backen, fertig.

KRAUTFLECKERL

FÜR 4 PERSONEN

240 g Fleckerl
8 EL Öl oder Schweineschmalz
3 Zwiebeln, geschält und klein geschnitten
40 g brauner Zucker
1 Schuss Weißweinessig
600 g Weißkraut, vom dicken Strunk entfernt und in ca. 2x2 cm große Würfel geschnitten
125 ml Gemüsefond oder Wasser mit Suppenpulver
Salz und Pfeffer

ZUBEREITUNG

Die Fleckerl in reichlich Salzwasser kernig kochen, abseihen und mit kaltem Wasser abschrecken.
Einen Topf aufstellen, heiß werden lassen, das Öl hineingeben und die Zwiebeln darin bei mittlerer Hitze langsam und unter ständigem Rühren gleichmäßig dunkelbraun rösten. Das dauert, je nach Hitze, mit Sicherheit 15 Minuten. Es ist ganz wichtig, die Zwiebeln vorsichtig und gewissenhaft zu rösten.
Den braunen Zucker dazugeben und 3x umrühren. Weißweinessig und Kraut hinzufügen und umrühren. Nun nach und nach den Gemüsefond hinzufügen und so das Kraut weich dünsten. Mit Salz und Pfeffer würzen. Die Fleckerl dazugeben, nochmals abschmecken und servieren.

GRENADIERMARSCH

FÜR 4 PERSONEN

300 g Fleckerl
etwas Maiskeimöl
100 g Speck, in kleine Würfel geschnitten
2 große Zwiebeln, geschält und in kleine Würfel geschnitten
1 Paprika, rot, entkernt und in 1 x 1 cm große Würfel geschnitten
600 g Erdäpfel, in der Schale gekocht, geschält und in ca. 3 mm dicke Scheiben geschnitten
2 EL Paprikapulver, edelsüß
Salz und Pfeffer
3 TL Majoran, getrocknet
1 Chili, entkernt und klein geschnitten (nach Belieben)
3 TL Petersilie, gehackt

ZUBEREITUNG

Die Fleckerl in Salzwasser bissfest kochen und abseihen. Etwas Öl in einem heißen Topf erhitzen. Speck, Zwiebeln und Paprika darin anrösten. Die Erdäpfel dazugeben und weiterrösten. Das Paprikapulver einrühren und kurz mitrösten. Die Fleckerl unterrühren und mit Salz und Pfeffer würzen. Majoran und Chili unterrühren und auf Tellern anrichten. Mit Petersilie bestreut servieren.

EIERNOCKERL

❶ GRUNDREZEPT VARIANTE 1

FÜR 4 PERSONEN

300 g Mehl, glatt
250 g Schlagobers
90 g Sauerrahm
3 Eier, in einer Schüssel verquirlt
Salz und Pfeffer
Muskatnuss, gerieben

❷ GRUNDREZEPT VARIANTE 2

FÜR 4 PERSONEN

200 g Mehl, glatt
200 g Mehl, griffig
1⁄16 l Milch
80 g Butter, flüssig
3 Eier, in einer Schüssel verquirlt
4 Eigelb
Salz und Pfeffer
Muskatnuss, gerieben

ZUBEREITUNG FÜR BEIDE VARIANTEN

Mehl, Milch, Butter, die verquirlten Eier und das Eigelb bzw. Mehl, Schlagobers, Sauerrahm und Eier in eine Schüssel geben. Mit Salz, Pfeffer und Muskatnuss würzen und glatt rühren. Sollte dir der Teig zu fest erscheinen, gib etwas Milch dazu. Reichlich Wasser in einem Topf zum Kochen bringen und gut salzen.
Mit einem nassen Löffel Nockerl aus dem Teig stechen und diese im Wasser kochen. Und nicht vergessen: den Löffel nach jedem Nockerl nass machen, dann bleibt der Teig nicht kleben. Die Nockerl zugedeckt kochen lassen. Wenn die Nockerl oben schwimmen, noch 3 Minuten kochen lassen und abseihen.

MIT GERÖSTETEN EIERSCHWAMMERLN

FÜR 4 PERSONEN

	Grundrezept „Eiernockerl" Variante 2
3 EL	Olivenöl
1	Zwiebel, geschält und klein geschnitten
2	Knoblauchzehen, geschält und klein geschnitten
300 g	Eierschwammerl, geputzt und halbiert
	Salz und Pfeffer
	Muskatnuss, gerieben
4	Eier, in einer Schüssel verquirlt
2 EL	Hartkäse, gerieben
4 EL	Schnittlauch, klein geschnitten

ZUBEREITUNG

Zuerst die Eiernockerl herstellen, kochen und abseihen.
Eine Pfanne heiß werden lassen und das Olivenöl hineingeben.
Darin Zwiebel und Knoblauch anrösten, bis sie goldgelb sind. Dann die Eierschwammerl dazugeben und weiterrösten, bis keine Flüssigkeit mehr in der Pfanne ist. Jetzt die Eiernockerl hinzufügen, durchschwenken und mit Salz, Pfeffer und Muskatnuss würzen. Die verquirlten Eier dazugeben, kurz durchschwenken und mit Hartkäse und Schnittlauch bestreuen – in der Pfanne servieren. Mahlzeit.

GERÖSTETE KNÖDEL

GERÖSTETE KNÖDEL MIT EI

FÜR 4 PERSONEN

4 Eier
Salz und Pfeffer
etwas Maiskeimöl
2 Zwiebeln, geschält und fein geschnitten (nach Belieben)
8 Semmelknödel (siehe Seite 40), am besten vom Vortag, im Kühlschrank unabgedeckt gelagert, halbiert und in Scheiben geschnitten
frischer Schnittlauch oder frische Petersilie

ZUBEREITUNG

Die Eier in einer Schüssel verquirlen und mit Salz und Pfeffer würzen.
Eine Pfanne heiß werden lassen, etwas Öl hineingeben und die Zwiebeln darin goldgelb rösten. Die geschnittenen Semmelknödel hinzufügen und mitrösten. Die Eier darüber geben und die Pfanne vom Herd nehmen. Die Eier sollten nicht zu trocken werden. Anrichten und mit frisch geschnittenem Schnittlauch oder gehackter Petersilie bestreuen und genießen.
Am besten mit grünem Salat servieren.

MIT GRÜNEM SPARGEL UND ERBSEN

FÜR 4 PERSONEN

5 Eier
Salz und Pfeffer
etwas Olivenöl
200 g grüner Spargel, in Scheiben geschnitten
6 Semmelknödel (siehe Seite 40), am besten vom Vortag, im Kühlschrank unabgedeckt gelagert, halbiert und in Scheiben geschnitten
200 g Erbsen, gekocht und abgeseiht
10 Basilikumblätter
würziger Käse wie Bergkäse

ZUBEREITUNG

Die Eier in einer Schüssel verquirlen und mit Salz und Pfeffer würzen. Eine große beschichtete Pfanne heiß werden lassen, das Olivenöl hineingießen und darin den grünen Spargel rösten. Die Knödel dazugeben und mitrösten. Die Erbsen hinzufügen, nochmals durchschwenken und die verquirlten Eier einrühren. Auf Tellern anrichten, die Basilikumblätter darüber zupfen und den Käse nach Geschmack und Belieben darüber hobeln.

MIT BAUCHSPECK UND BERGKÄSE

FÜR 4 PERSONEN

8 Semmelknödel (siehe Seite 40), am besten vom Vortag, im Kühlschrank unabgedeckt gelagert, halbiert und in Scheiben geschnitten
400 g geräucherter, getrockneter Bauchspeck
4 Eier
Salz und Pfeffer
etwas Maiskeimöl
50 g Bergkäse
2 EL Petersilie, gehackt

ZUBEREITUNG

Zuerst das Backrohr auf 180 Grad Ober- und Unterhitze vorheizen.
Die Knödel auf ein mit Backpapier belegtes Backblech legen und ins Rohr geben, sodass sie knusprig werden. Aber Vorsicht: Ab und zu ins Rohr schauen, damit sie nicht schwarz werden. Dauer: in etwa 10 Minuten.
Inzwischen den Speck in 5 mm große Würfel schneiden. Die Eier in einer Schüssel verquirlen und mit Salz und Pfeffer würzen. Den Speck in einem kleinen Topf mit etwas Öl auf dem Herd anrösten.
Wenn die Knödel eine schöne bräunliche Farbe aufweisen und knusprig sind, muss es schnell gehen: Das Backblech aus dem Rohr nehmen, den knusprigen Speck mit dem heißen Fett darüber gießen, ganz schnell durchrühren, die Eier darüber geben, nochmals durchrühren und schnell vom Blech nehmen. Nach Belieben Bergkäse darüber hobeln und mit der Petersilie bestreuen.

ERDÄPFELGULASCH

FÜR 4 PERSONEN

	Schweineschmalz
5	Zwiebeln, geschält und in kleine Würfel geschnitten
7	Knoblauchzehen, geschält und in kleine Würfel geschnitten
1	Paprika, rot, entkernt und grob geschnitten
1 TL	Tomatenmark
3 EL	Paprikapulver, edelsüß
⅛ l	Weißwein
1	kleine Ingwerknolle, geschält und fein gerissen
2	Paradeiser, vom Strunk befreit und geviertelt
1	Chilischote, entkernt und klein geschnitten
3	Lorbeerblätter
1 TL	Kümmel, gemahlen
1 ½ l	Rindsuppe oder Wasser mit Suppenwürfel
1 EL	Honig
12	Erdäpfel, mittelgroß, geschält und halbiert
320 g	harte Dürre oder Salami, die Haut abgezogen und in Halbmonde geschnitten
2	Paprika, grün, entkernt und in kleine Würfel geschnitten
	Salz und Pfeffer
125 g	Crème fraîche (nach Belieben)
1 Bund	Majoran

ZUBEREITUNG

2 EL Schweineschmalz in einem großen Topf erhitzen und Zwiebel- und Knoblauchwürfel darin dunkelbraun rösten – so bekommen die Zwiebeln einen leicht süßlichen Geschmack. Den roten Paprika dazugeben und ein wenig mitrösten. Das Tomatenmark hinzufügen und kurz mitrösten. Das Paprikapulver beimengen, umrühren und mit dem Weißwein ablöschen. Wenn der Wein komplett verdunstet ist, den Ingwer und die Paradeiser dazugeben. Chilischote, Lorbeerblätter und Kümmel hinzufügen. Mit der Rindsuppe aufgießen und den Fond 15 Minuten kochen lassen.

Den Honig zum Fond geben, die Lorbeerblätter entfernen und die Sauce pürieren. Die Erdäpfel in die Sauce geben und weich kochen. In einen zweiten großen, heißen Topf etwas Schweineschmalz geben und die Wurst darin knusprig anbraten. Den grünen Paprika dazugeben, kurz mitrösten und mit dem Erdäpfelgulasch aufgießen. Nochmals kochen lassen, mit Salz und Pfeffer abschmecken – nach Geschmack mit etwas Knoblauch oder Chili nachwürzen. Wer möchte, kann die Crème fraîche unterrühren oder das Erdäpfelgulasch mit Mehlnockerln (siehe Seite 22) servieren. Zuletzt den frischen Majoran darüber zupfen.

BOHNENSTRUDEL

FÜR 4 PERSONEN

Strudel- oder Leintuch
Mehl zum Bestauben
Öl zum Herausbacken

FÜR DEN STRUDELTEIG

260 g	Mehl, glatt
140 ml	lauwarmes Wasser
2 EL	Maiskeimöl
1 TL	Hesperidenessig
½ TL	Salz

FÜR DIE BOHNENFÜLLE

6	frische Semmeln
2	Zwiebeln, geschält und fein geschnitten
3	Knoblauchzehen, geschält und fein geschnitten
6 EL	Maiskeimöl
500 g	kleine weiße Bohnen
1 EL	Petersilie, frisch gehackt
2 EL	Majoran, getrocknet
	Salz und Pfeffer

ZUBEREITUNG

Zuerst den Strudelteig zubereiten. Dafür das Mehl auf die Arbeitsfläche sieben und in die Mitte eine Mulde drücken. Lauwarmes Wasser, Öl, Essig und Salz hineingeben, mit den Händen gut verkneten und eine glatte Kugel formen. Diese mit etwas Öl bestreichen, mit Klarsichtfolie abdecken und im Kühlschrank mindestens 30 Minuten rasten lassen.
Für die Bohnenfülle die Semmeln in 1 x 1 cm große Würfel schneiden und in eine Schüssel geben. Zwiebeln und Knoblauch in einer heißen Pfanne im Maiskeimöl anrösten – sie sollen nur wenig Farbe nehmen. Über die Semmelwürfel gießen. Die Bohnen abseihen, abspülen und dazugeben. Petersilie und Majoran beimengen, gut umrühren und mit Salz und Pfeffer würzen. Das Strudeltuch über den Küchentisch legen und ordentlich mit Mehl bestauben. Den Teig darauf geben und flach drücken. Mit beiden Händen unter den Teig fahren und mit den Handrücken von der Mitte ausgehend nach außen ziehen, bis der Teig hauchdünn ist und man fast durchschauen kann. Sollte er reißen, kein Problem. Man kann ihn ganz einfach mit einem Stück vom Rand flicken. Die Bohnenfülle darauf geben und mithilfe des Strudeltuches einrollen. Nun die Größe der Stücke nach eigenem Ermessen bestimmen – 5 oder 10 cm. Mit der Handkante nach den gewählten Zentimetern abdrücken, mit einem Messer durchschneiden und die Öffnung mit den Fingern zusammendrücken, sodass nichts mehr herausrinnen kann. Unsere Tasche ist geformt. Eine große Pfanne heiß werden lassen und genügend Öl hineingeben. Die Bohnenstrudeltaschen sollen in heißem Fett schwimmend gleichmäßig braun herausgebacken werden.

TIPP *Mit Gurken- (siehe Seite 26) oder Krautsalat (siehe Seite 30) ein sehr gelungener Partysnack.*

BOHNENSTERZ

FÜR 4 PERSONEN

400 g	Mehl, griffig
1 TL	Salz
350 ml	Wasser
3 EL	Schweineschmalz

ZUBEREITUNG

Mehl und Salz in einen großen Topf mit dickem Boden geben und mindestens 15 Minuten ohne Öl linden (bei mittlerer Hitze unter ständigem Rühren langsam rösten). Wichtig: ständig umrühren, vor allem in den Ecken, damit das Mehl nicht anbrennt. Meine Oma sagt, man muss das Mehl rösten, bis es knirscht. Dabei greift sie immer wieder auf das heiße Mehl, um es zu kontrollieren. Ich hab das Knirschen auch gehört, aber keine Sorge, wer es nicht hört, verlässt sich auf die 15 Minuten.

5 Minuten, bevor das Mehl fertig ist, das Wasser in einem Topf aufkochen. Sind die 15 Minuten vorbei, das kochende Wasser unter ständigem, langsamem Rühren Schöpfer für Schöpfer einrühren. Es müssen nasse Klumpen entstehen, dann ist es richtig. Mit einem Deckel zudecken, vom Herd nehmen und 5 Minuten ziehen lassen.

In einem kleinen Topf das Schmalz heiß werden lassen. Den Topf mit dem Sterz wieder auf die Herdplatte stellen und langsam erhitzen. Das heiße Schmalz über den Sterz leeren und bei mittlerer Hitze so lange weiterrösten, bis der Sterz leicht knusprig ist. Wer möchte, kann zum Sterz auch noch gekochte Bohnen oder Knoblauchfisolen mischen. Den Sterz wie ich mit einem Glas Milch oder zu Lammgerichten genießen.

KRAUTROULADEN

FÜR 4 PERSONEN

1 Stk.	Sauerkrautkopf (Sarma)
1	Semmel
150 g	geräucherter Speck, in 5 x 5 mm große Würfel geschnitten
2 EL	Olivenöl
2	Zwiebeln, geschält und in kleine Würfel geschnitten
4	Knoblauchzehen, geschält und fein gehackt
1 EL	Tomatenmark
1 EL	Paprikapulver, edelsüß
700 g	Faschiertes, gemischt (Rind und Schwein)
2	Eier
1	Chili, entkernt und klein geschnitten
3 EL	Petersilie, gehackt
2 EL	Majoran, gehackt
	Salz und Pfeffer
¼ l	Wasser oder Rindsuppe

ZUBEREITUNG

Vom Sarma-Krautkopf die Blätter lösen, den mittleren dicken Strunk entfernen. Die Semmel in eine Schüssel geben und mit kaltem Wasser bedecken. Den Speck mit dem Öl in eine Pfanne geben und bei mittlerer Hitze knusprig rösten. Zwiebeln und Knoblauch dazugeben und weiterrösten, bis die Zwiebelwürfel glasig sind. Gib jetzt das Tomatenmark dazu und lass es eine Minute mitrösten. Das Paprikapulver hinzufügen, zweimal umrühren und die Pfanne beiseite stellen, bis sie abgekühlt ist. Das Faschierte in eine große Schüssel geben und mit einem Gummihund den Pfanneninhalt hinzufügen. Die Semmel ist jetzt schon komplett aufgeweicht – ja, das soll so sein! Gut ausdrücken, bis das ganze Wasser draußen ist, sehr gut! Nun fein hacken und zur Masse geben. Noch nicht umrühren! Es fehlen noch Eier, Chili, Petersilie, Majoran, etwas Salz und Pfeffer. Erst jetzt alles gut durchkneten – das geht am besten mit den Händen. Sehr gut gemacht! Die Fülle gleichmäßig auf die einzelnen Blätter verteilen und gut einwickeln. In eine feuerfeste Form geben, ¼ l Wasser oder Rindsuppe zugießen und im Backrohr bei 180 Grad Ober- und Unterhitze ca. 1 Stunde schmoren, eventuell mit Wasser aufgießen. Dazu gekochte Erdäpfel servieren und mit einem Löffel Sauerrahm garnieren.

TIPP *Natürlich kannst du auch Kohl- oder Krautblätter verwenden, jedoch sollen die einzelnen Blätter im Salzwasser blanchiert werden, um sie besser weiterverarbeiten zu können. Die Roulade kalt aufgeschnitten ist eine großartige Jause.*

GEFÜLLTE PAPRIKA

FÜR 4 PERSONEN

- 1 Semmel, vom Vortag
- 500 g Faschiertes, gemischt (Rind und Schwein)
- 1 Chili, entkernt und klein geschnitten
- 2 EL Petersilie, gehackt
- 1 EL Senf, scharf
- 4 EL Olivenöl
- 2 Zwiebeln, geschält und klein geschnitten
- 3 Knoblauchzehen, geschält und klein geschnitten
- 1 Ei
- Salz und Pfeffer
- 7 Paprika, rot

FÜR DIE PARADEISERSAUCE

- 3 EL Olivenöl
- 2 Zwiebeln, geschält und klein geschnitten
- 2 Knoblauchzehen, geschält und klein geschnitten
- 2 EL Tomatenmark
- 1 EL Kristallzucker
- 1 TL Paprikapulver, edelsüß
- 600 g Paradeiser, überreif, vom Strunk entfernt und grob geschnitten
- 250 ml Gemüsesuppe
- 1 Lorbeerblatt
- Salz und Pfeffer
- 10 Basilikumblätter

ZUBEREITUNG

Die Semmel in kaltem Wasser einweichen, bis sie ganz weich ist. Herausnehmen, zwischen den Händen fest ausdrücken und klein hacken. Das Faschierte gemeinsam mit der gehackten Semmel in eine Schüssel geben. Chili, Petersilie und Senf untermengen.

Eine Pfanne heiß werden lassen, das Olivenöl hineingeben und Zwiebeln und Knoblauch darin goldbraun rösten. Mit dem Ei zum Faschierten in die Schüssel geben, mit Salz und Pfeffer würzen und jetzt die Masse mit beiden Händen gut durchkneten.

Für die Paradeisersauce einen Topf heiß werden lassen, das Olivenöl hineingeben und Zwiebel und Knoblauch darin schön anrösten. Das Tomatenmark dazugeben und kurz mitrösten. Zucker und Paprikapulver hinzufügen und 3 Minuten mitrösten. Die Paradeiser dazugeben und kurz kochen lassen. Mit der Suppe aufgießen, das Lorbeerblatt hinzufügen und 15 Minuten kochen lassen. Das Lorbeerblatt herausnehmen und mit einem Stabmixer pürieren. Mit Salz und Pfeffer abschmecken und die Basilikumblätter dazugeben.

Das Backrohr auf 180 Grad Ober- und Unterhitze vorheizen. Den Paprika auf der Seite des Strunks die Deckel abschneiden, diese herunterheben und mit einem Löffel die Kerne herauskratzen. Die Deckel unbedingt aufheben. Das Faschierte einfüllen und die Paprika in ein tiefes Reindl oder einen Bräter geben und für 40 Minuten ins Rohr schieben. 15 Minuten vor Garende die Deckel aufsetzen und fertig garen. Die Paprika aus dem Reindl heben und mit der Paradeisersauce servieren. Klassisch isst man dazu Salzerdäpfel.

KARPFEN „SERBISCH“

FÜR 4 PERSONEN

4 Paprika, rot, im Ganzen
Salz und Pfeffer
20 Knoblauchzehen, geschält
etwas Olivenöl
1 kg Karpfenfilet, geschuppt
1 Zitrone, nur der Saft
etwas Paprikapulver, edelsüß
3 EL Mehl, griffig
2 EL Butter
4 Thymianzweige, gezupft

ZUBEREITUNG

Das Backrohr auf 220 Grad Grillstufe oder Oberhitze vorheizen.
Die Paprika auf ein Backblech geben und ins Rohr schieben – ziemlich weit oben. So lange braten lassen, bis sich die Haut löst. Nicht schrecken, die Paprika werden ganz schwarz. Das betrifft aber nur die Haut, das Fleisch wird wunderbar gegart. Herausnehmen, in ein Plastiksackerl geben, zubinden und 10 Minuten liegen lassen. Danach kann man die Haut ganz leicht abziehen. Salzen und pfeffern.
Inzwischen die Knoblauchzehen in einer Pfanne in etwas Olivenöl anbraten.
4 EL Wasser dazugeben und ebenfalls für 10 Minuten ins Rohr geben.
Am besten gleich direkt unter die Paprika stellen – ab und zu durchschütteln.
Das Karpfenfilet mit Zitronensaft gut einreiben und mit Salz und Pfeffer würzen.
1 TL Olivenöl mit 1 TL Paprikapulver vermischen und das Filet damit ebenfalls einreiben. Das Mehl mit 1 EL Paprikapulver vermischen und auf einen Teller geben. Das Karpfenfilet mit der Hautseite nach unten darauflegen. Herausnehmen und das überschüssige Mehlgemisch abklopfen. Den Karpfen in einer heißen Pfanne mit etwas Olivenöl auf der Hautseite braten. Nicht umdrehen. Ist er fast fertig, Butter und Thymian in die Pfanne geben und fertig braten. Ab und zu mit dem Bratensaft übergießen und mit den Knoblauchzehen, dem geschälten Paprika und dem Bratensaft auf Tellern anrichten.

TIPP *Dazu passen Erdäpfel mit Basilikumpesto (siehe Seite 49).*

ZANDER
IM LORBEER-SPECKMANTEL

FÜR 4 PERSONEN

1	Zander, etwa 1,2 kg
ca. 24	Lorbeerblätter
4 EL	Olivenöl
4	Schalotten, geschält und in kleine Würfel geschnitten
6	Knoblauchzehen, geschält und in kleine Würfel geschnitten
1 Bund	Thymian, frisch
	Salz und Pfeffer
20 Scheiben	geräucherter Bauchspeck

ZUBEREITUNG

Das Backrohr auf 200 Grad Ober- und Unterhitze vorheizen. Den Zander schuppen, die Bauchhöhle gut auswaschen und trocken tupfen. Den Zander alle 2 cm mit einem scharfen Messer 5–7 mm tief einschneiden und in jeden Einschnitt ein Lorbeerblatt hineinstecken. Dann zuerst außen und innen mit dem Olivenöl einreiben. Anschließend mit Schalotten, Knoblauch und ein paar Thymianzweigen belegen und mit Salz und Pfeffer würzen, aber nicht zu viel Salz verwenden, da der Bauchspeck sehr würzig ist. Die restlichen Thymianzweige gleichmäßig auf beiden Seiten verteilen und den Zander mit den Speckscheiben vom Schwanz beginnend einwickeln. Auf eine Alufolie legen und diese gut verschließen. Es darf kein Saft herausrinnen. Für 40 Minuten in das Rohr geben. Herausnehmen, die Lorbeerblätter entfernen und auf einer Platte anrichten. Auch auf dem Griller ist der Zander ein Gedicht – vor allem wegen der wunderbaren Röstaromen.

BACHFORELLE
IM ERDÄPFELRAGOUT MIT MAJORAN

FÜR 4 PERSONEN

- 2 EL Butter
- 1 Zwiebel, geschält und fein geschnitten
- 1 Stange Lauch, in 2 x 2 cm große Würfel geschnitten
- 2 Knoblauchzehen, geschält und fein geschnitten
- 300 g Erdäpfel, geschält und in ca. 4 x 4 cm große Würfel geschnitten
- ⅛ l Weißwein
- 5 cl Noilly Prat
- ¼ l Schlagobers
- 1 EL Crème fraîche
- Salz und Pfeffer
- Muskatnuss, fein gerieben
- 2 EL Majoran, gezupft
- 2 EL Petersilie, gehackt
- 4 Bachforellenfilets
- 1 Zitrone, nur der Saft

ZUBEREITUNG

Die Butter in einer Pfanne heiß werden lassen. Zwiebel, Lauch und Knoblauch darin anbraten, ohne dass sie Farbe nehmen. Die Erdäpfel dazugeben und kurz mitrösten. Mit dem Weißwein ablöschen und komplett verdunsten lassen. Noilly Prat hinzufügen, gut durchrühren und mit Schlagobers und Crème fraîche aufgießen. So lange kochen lassen, bis die Erdäpfel weich sind, aber noch einen Biss haben. Mit Salz, Pfeffer und Muskatnuss abschmecken. Majoranblätter und Petersilie hinzufügen, beiseite stellen und ziehen lassen. Die Fischfilets auf allen Seiten mit Zitronensaft, Salz und Pfeffer würzen. Nun den Fisch dämpfen: Dazu brauchst du ein Sieb – oder einen Bambuskorb, den du in einen passenden Topf gibst. Den Fond so lange einreduzieren lassen, bis der Fond knapp unterhalb der Siebauflage ist. Dann die Hitze reduzieren, sodass der Fond nur mehr dampft. Wichtig: Nicht zu viel Hitze, der Fond soll nur sieden. Und: Der Fisch darf nicht mit dem Fond in Berührung kommen. Die Fischfilets mit der Hautseite nach unten einlegen und abgedeckt ca. 5 Minuten dämpfen – die Filets sollten noch glasig sein. Die Fischfilets auf dem Erdäpfelragout anrichten. Gerne reibe ich noch etwas Zitronenschale darüber.

TIPP *Natürlich kannst du die Fischfilets auch braten: Mit der Hautseite nach unten für ca. 3–5 Minuten in 4 EL Semmelbrösel legen. Die Filets leicht abklopfen, damit die überschüssigen Brösel herunterfallen. Eine beschichtete Pfanne aufstellen, 2 EL Olivenöl hineingeben und die Filets bei mittlerer Hitze ganz langsam braten, bis sie schön knusprig sind. Gefühl ist dabei alles.*

FÜR DEN FOND

- 2 Zwiebeln, geschält
- 1 Stk. Lauch, gewaschen
- 2 Petersilienwurzeln, geschält
- 1 l Wasser
- 1 l Weißwein
- 8 Pfefferkörner
- 10 Korianderkörner
- 1 Lorbeerblatt
- 3 Ingwerscheiben
- 2 Dillzweige

ZUBEREITUNG

Zwiebeln, Lauch und Petersilienwurzeln grob schneiden. Für den Fond zum Fischdämpfen alle Zutaten in einen Topf geben und einmal aufkochen lassen – dann bei kleiner Hitze 20 Minuten ziehen lassen.

BACKHENDL
MIT ERDÄPFEL-GURKENSALAT

BACKHENDL

FÜR 4 PERSONEN

2 Stk.	Hendl im Ganzen, ausgelöst, ohne Haut und Knochen
	Salz und Pfeffer
2 TL	Paprikapulver, edelsüß
12 EL	Mehl, glatt
6	Eier, verquirlt
16 EL	Semmelbrösel
	Öl zum Herausbacken

ZUBEREITUNG

Das Hendl in Stücke schneiden, diese gut salzen und pfeffern und mit dem Paprikapulver richtig gut einreiben. 3 Teller vorbereiten: einen mit dem Mehl, einen mit den verquirlten Eiern und einen mit den Semmelbröseln füllen. Die Hendlstücke in dieser Reihenfolge darin panieren. In heißem Öl beidseitig goldbraun herausbacken. Herausnehmen und auf einem Küchenpapier abtropfen lassen. Die Hendlstücke mit dem Erdäpfel-Gurkensalat servieren.

TIPP *Noch zarter wird das Fleisch, wenn du es über Nacht in Joghurt einlegst.*

ERDÄPFEL-GURKENSALAT

FÜR 4 PERSONEN ALS BEILAGE

1,1 kg	Erdäpfel, speckig oder festkochend in der Schale
1 Prise	Salz und Kümmel (ganz) zum Kochen
500 ml	Rindsuppe oder Wasser mit Rindsuppenpulver
7 EL	Tafel- oder Hesperidenessig
1 EL	Senf
3 EL	Kristallzucker
1 EL	Salz
1 TL	Pfeffer
5 EL	Sonnenblumenöl
2	Zwiebeln, rot, geschält und in kleine Würfel geschnitten
1	Salatgurke
	etwas Salz
100 g	Salzgurken
3 EL	Schnittlauch, frisch geschnitten
3 EL	Petersilie, gezupft und gehackt

ZUBEREITUNG

Erdäpfel in der Schale gut waschen und in einen Topf mit reichlich Wasser geben. Eine Prise Salz und etwas Kümmel (desinfizierende Wirkung) hinzufügen und die Erdäpfel so lange kochen, bis sie beim Anstechen vom Messer rutschen.
In der Zwischenzeit die Rindsuppe mit Essig, Senf, Kristallzucker, Salz und Pfeffer in einen anderen Topf geben, gut verrühren und aufkochen lassen.
Die gekochten Erdäpfel noch heiß schälen – am besten ein Geschirrtuch in die Hand legen und die Erdäpfel darauf geben, so verbrennt man sich nicht – und gleich in Scheiben schneiden. Leicht darüber salzen, pfeffern, das Sonnenblumenöl darüber gießen und vorsichtig umrühren; idealerweise mit einer flachen Plastikspachtel. Aber nicht zu oft, sonst entsteht Püree.
5 Minuten stehen lassen. Danach die noch warme Marinade darüber gießen und ziehen lassen. Wenn der Salat erkaltet ist, die Zwiebeln dazugeben.
In der Zwischenzeit die Salatgurke der Länge nach halbieren und mit einem Löffel die Kerne herauskratzen. In kleine Halbmonde schneiden und in eine Schüssel geben, leicht salzen und 5 Minuten stehen lassen. Die Salzgurken ebenfalls klein schneiden – in Würfel, Scheiben, ganz nach Belieben. Wenn die Salatgurken zu schwitzen angefangen haben, diese mit beiden Händen ausdrücken und in den Erdäpfelsalat geben. Die Salzgurken hinzufügen und mit Schnittlauch sowie Petersilie bestreut servieren.

GEBACKENE HENDLLEBER
MIT APFEL-LAVENDEL-KOMPOTT

FÜR 4 PERSONEN

1 kg	Hendlleber
12 EL	Mehl, glatt
4	Eier, in einer Schüssel verquirlt
8 EL	Semmelbrösel
15 EL	Butterschmalz oder Öl zum Herausbacken

FÜR DAS APFEL-LAVENDEL-KOMPOTT

50 g	Kristallzucker
½ l	Weißwein
2	Nelken
1	Zimtstange
1	Scheibe Ingwer, 1 cm dick
½ l	Apfelsaft
2	Zitronen, nur der Saft
4 EL	Honig
3	Äpfel, geschält, entkernt und geachtelt
1 EL	Lavendelblüten

ZUBEREITUNG

Zuerst das Kompott zubereiten. Hierfür den Kristallzucker in einen Topf geben und karamellisieren. Mit Weißwein aufgießen und auf die Hälfte reduzieren. Nelken, Zimtstange und Ingwerscheibe hineingeben und mit dem Apfelsaft auffüllen. 10 Minuten kochen lassen. Den Zitronensaft und den Honig hinzugießen, nochmals aufkochen und die Apfelspalten hineingeben. Noch einmal aufkochen, mit Backpapier abdecken – direkt auf die Flüssigkeit geben – und kalt stellen.

Die Hendlleber mit einem Küchentuch putzen, die Adern herausziehen – geht ganz einfach – und panieren, also zuerst im Mehl, dann in den verquirlten Eiern und zuletzt in den Semmelbröseln wälzen. Die Leber vor dem Panieren ja nicht salzen, sie wird sonst hart und zäh. Beidseitig in heißem Fett herausbacken und auf einem Küchenpapier abtropfen lassen.

Wenn das Kompott kalt ist, die Lavendelblüten hineingeben und mit der gebackenen Hendlleber servieren.

TIPP *Lavendelblüten am besten frisch aus dem eigenen Garten holen oder im Bio-Laden besorgen.*

GESCHMORTES PAPRIKAHENDL

FÜR 2 PERSONEN

ca. 1,2 kg	Hendl, mit den Knochen geviertelt
	Salz und Pfeffer
	etwas Maiskeimöl
4	Zwiebeln, geschält und fein geschnitten
1	Karotte, geschält und in kleine Würfel geschnitten
1	Paprika, rot, entkernt und grob geschnitten
2	Knoblauchzehen, geschält und klein geschnitten
1 TL	Tomatenmark
4 EL	Weißwein
2 EL	Paprikapulver, edelsüß
1 l	Hendlsuppe oder Wasser mit Hendlsuppengewürz
1	Lorbeerblatt
20 g	Mehl
⅛ l	Sauerrahm

ZUBEREITUNG

Die Hendlstücke auf allen Seiten gut salzen und pfeffern. In einem Topf mit etwas Öl beidseitig anrösten, aus dem Topf nehmen und beiseite stellen. Zwiebeln, Karotte und Paprika im selben Topf mit etwas Öl rösten. Den Knoblauch dazugeben und mitrösten. Das Tomatenmark hinzufügen, die Hitze zurückdrehen und weiterrösten. Wenn sich das Tomatenmark am Boden anlegt, Weißwein dazugeben und weiterrösten, bis die Flüssigkeit verdampft ist. Den Topf von der Herdplatte ziehen, das Paprikapulver dazugeben und kurz mitrösten. Wieder auf den Herd stellen und mit der Hendlsuppe aufgießen. Das Lorbeerblatt dazugeben und 5 Minuten kochen lassen. Die Hendlstücke dazugeben und ca. 45 Minuten kochen lassen. Die Hendlstücke und das Lorbeerblatt aus der Sauce nehmen und die Sauce pürieren. Kosten – und die Sauce bei Bedarf noch ein wenig einkochen lassen. Jetzt Mehl mit Sauerrahm gut verrühren und mit einem Schneebesen zügig in die Sauce einrühren – dabei sollte die Sauce nicht kochen. Die Hendlstücke wieder hineingeben und 10 Minuten ziehen lassen – fertig.

TIPP *Mit Petersilienspätzle servieren. Zubereitung wie Käsespätzle (siehe Seite 50), nur ohne Käse und mit Petersilie (Menge nach Belieben).*

BRATHENDL

FÜR 2 PERSONEN

ca. 1,1 kg	Hendl, halbiert und das Rückgrat herausgeschnitten
	Salz und Pfeffer
1 TL	Paprikapulver, edelsüß
3	Schalotten, geschält und halbiert
4	Knoblauchzehen, in der Schale
4	Erdäpfel, speckig, mittlerer Größe
¼ l	Bier oder Hendlsuppe
4 EL	Butter

ZUBEREITUNG

Das Backrohr auf 220 Grad Ober- und Unterhitze vorheizen. Das Hendl nach Belieben würzen – entweder klassisch nur mit Salz und Pfeffer oder so wie ich mit einer Gewürzmischung aus 1 TL Salz, 1 TL Paprikapulver und ½ TL Pfeffer. Das Hendl außen und innen gut einreiben – am besten richtig einmassieren. Mit der Hautseite nach oben auf ein Backblech legen, Schalotten, Knoblauch und Erdäpfel rundherum legen. Das Bier auf das Blech gießen – aber ja nicht über das Fleisch.
Die Butter in einem Topf flüssig werden lassen und damit die Hendlhaut gut einpinseln. Für 50–60 Minuten ins Rohr geben. Nach 30 Minuten die Hitze auf 180 Grad zurückdrehen. Alle 20 Minuten das Hendl mit flüssiger Butter einpinseln. Aus dem Rohr nehmen und mit Schalotten, Knoblauch und Erdäpfeln servieren.

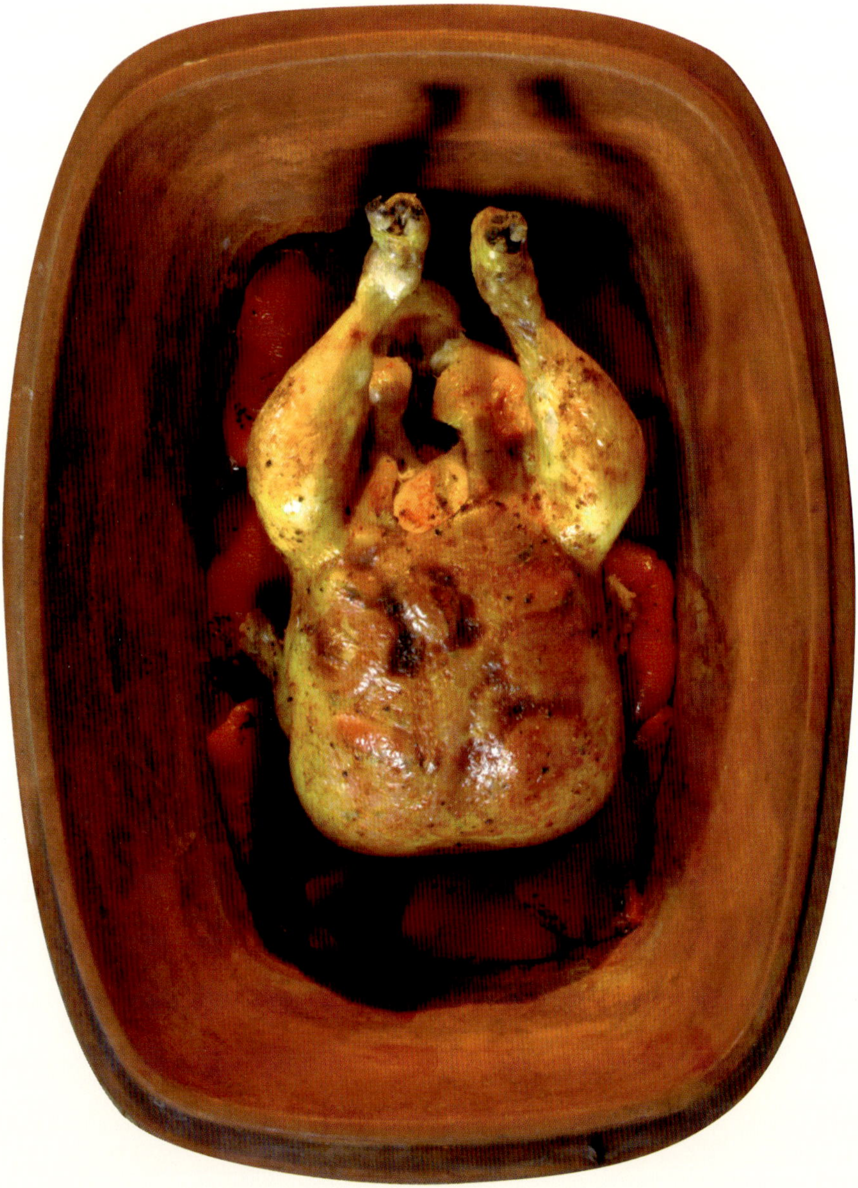

GRILLHENDL GEFÜLLT

FÜR 2 PERSONEN

1	Zwiebel, geschält und klein geschnitten
2 EL	Butter
100 ml	Milch
120 g	Semmelwürfel
1	Eigelb
2	Eier
	Salz und Pfeffer
	Muskatnuss, gerieben
3 EL	Bergkäse, gerieben
1 EL	Petersilie, gehackt
1	Zitrone, unbehandelt, nur die Schale
ca. 1,4 kg	Hendl
1 EL	Majoran, getrocknet
1 TL	Paprikapulver, edelsüß

ZUBEREITUNG

Das Backrohr auf 180 Grad Ober- und Unterhitze vorheizen.

Die Zwiebel in einer heißen Pfanne mit Butter anschwitzen. Mit Milch aufgießen, einmal aufkochen lassen und über die Semmelwürfel gießen. 5 Minuten ziehen lassen. Eigelb und Eier unterrühren, mit Salz, Pfeffer, Muskatnuss und dem Bergkäse abschmecken. Weitere 10 Minuten ziehen lassen, die Petersilie und die fein geriebene Zitronenschale dazugeben. Das Hendl damit füllen, mit Majoran, Paprikapulver, Salz und Pfeffer gut einreiben und im Rohr 60 Minuten braten lassen.

WIENER SCHNITZEL

FÜR 4 PERSONEN

4 Kalbsschnitzel, à 160 g (Rücken, Karree oder Kalbsschluss ohne Sehnen), dünn aufgeschnitten
12 EL Mehl, glatt
5 Eier
12 EL Semmelbrösel
Salz
Butter- oder klassisch Schweineschmalz zum Herausbacken
2 Zitronen, in dünne Scheiben aufgeschnitten

ZITRONE ZUM SCHNITZEL?

Die Zitrone wird deshalb zum Schnitzel gereicht, weil die Brösel schwer verdaulich sind. Die Säure der Zitrone hilft diese zu verdauen.

ZUBEREITUNG

Das Fleisch vom Fleischhauer dünn aufschneiden lassen. Dann muss man es nicht so viel klopfen, was sehr wichtig ist, denn durch das Klopfen dringt der wertvolle Saft aus und die Schnitzel werden zäh und trocken. Zudem keine Fleischklopfer mit Noppen verwenden, diese zerstören die Fasern. Am besten das Fleisch mit einer Klarsichtfolie abdecken und einem Plattiereisen oder einem Topf mit schwerem flachen Boden vorsichtig klopfen.
3 tiefe Teller mit Mehl, verquirlten Eiern und Semmelbröseln vorbereiten. Die Schnitzel salzen und anschließend panieren, also zuerst im Mehl, dann in den Eiern und zuletzt in den Bröseln wenden. Wichtig ist, die Brösel nicht zu fest ans Schnitzel zu drücken.
Eine Pfanne mit Schmalz aufstellen und heiß werden lassen. Die Schnitzel darin schwimmend herausbacken, dabei die Pfanne immer wellenförmig in Bewegung halten. So können die Schnitzel schön aufsouffl ieren und die Panier hebt sich.
Die Schnitzel mit einer Zange umdrehen – ja nicht anstechen. Wenn sie schön goldgelb gebacken sind, herausnehmen und auf einem Küchenpapier abtropfen lassen. Mit den Zitronenscheiben servieren.

TIPP *Dazu passen Reis, Petersilienerdäpfel und Erdäpfel-Vogerlsalat. Bei mir dürfen außerdem Ketchup, Mayonnaise und Preiselbeeren nicht fehlen.*

KALBSRAHMGULASCH

FÜR 4 PERSONEN

530 g Zwiebeln, geschält und fein geschnitten
2 EL Öl
2 Paprika, in grobe Würfel geschnitten
3 Knoblauchzehen, geschält und fein geschnitten
2 EL Tomatenmark
28 g Paprikapulver, edelsüß
2 EL brauner Zucker
0,2 l Weißwein
1,2 l Geflügelfond oder Wasser mit Suppenwürfel
1 Lorbeerblatt
1 Zitrone, unbehandelt, nur die Schale
Kümmel, gemahlen
Salz und Pfeffer
1 kg Kalbsschulter (am besten Kalbsschulterscherzl), in 3 × 3 cm große Würfel geschnitten
2 EL Crème fraîche

FÜR DIE BUTTERNOCKERL

100 g Butter, Zimmertemperatur
2 Eier, getrennt in Eigelb und Eiweiß
40 g Mehl, griffig
60 g Weißbrot, entrindet, trocken, gerieben
Salz und Pfeffer
Muskatnuss, gerieben

ZUBEREITUNG

Die Zwiebeln in einem Topf mit 2 EL Öl goldgelb anrösten. Paprika und Knoblauch hinzufügen und kurz mitrösten. Tomatenmark dazugeben und bei mittlerer Hitze langsam mitrösten. Paprikapulver und braunen Zucker beimengen und ein wenig mitrösten. Mit dem Weißwein aufgießen und verdunsten lassen. Mit Geflügelfond oder Wasser auffüllen und aufkochen. Lorbeerblatt, Zitronenschale, etwas Kümmel, Salz, Pfeffer und die Fleischwürfel dazugeben und bei mittlerer Hitze zugedeckt ca. 45 Minuten kochen lassen.
In der Zwischenzeit die Butternockerl zubereiten: Die Butter in einem Schneekessel aufschlagen, bis sie weiß ist und ihr Volumen sich nicht mehr vergrößert. Langsam das Eigelb untermixen. Mehl und Weißbrotbrösel unterheben und mit Salz, Pfeffer und Muskatnuss würzen. Das Eiweiß zu festem Schnee schlagen und unter die Masse heben. Im Kühlschrank 15 Minuten rasten lassen. Mithilfe von 2 Löffeln Nockerl formen und in kochendes Wasser geben. Die Hitze reduzieren und bei kleiner Stufe 8–10 Minuten ziehen lassen. Mit einem Siebschöpfer herausnehmen, fertig.
Wenn das Fleisch weich ist, abseihen und das Fleisch beiseite stellen. Den Rest wieder in denselben Topf geben und aufkochen. Mit einem Pürierstab fein mixen, Crème fraîche dazugeben und nochmals abschmecken. Das Fleisch dazugeben, nochmals aufkochen, auf Tellern anrichten und mit den Butternockerln servieren.

GEFÜLLTE KALBSBRUST

FÜR 6–8 PERSONEN

¼ l	Milch
4	Eier
3	Eigelb
400 g	Semmelwürfel
3	Zwiebeln, geschält und klein geschnitten
2	Knoblauchzehen, geschält und klein geschnitten
90 g	Champignons, geputzt und klein geschnitten
80 g	Butter
100 g	tiefgekühlte Erbsen
25 g	Petersilie, frisch gehackt
	Salz und Pfeffer
	Muskatnuss, gerieben
1	Kalbsbrust, untergriffen und ohne Knochen vom Fleischer, ca. 2 ½ kg
3 EL	Olivenöl

ZUBEREITUNG

Das Backrohr auf 200 Grad Ober- und Unterhitze vorheizen.
Die Milch mit den Eiern und dem Eigelb verrühren und über die Semmelwürfel schütten. Gut vermischen und ziehen lassen. Zwiebeln, Knoblauch und Champignons in einer heißen Pfanne in der Butter anrösten, ohne dass sie Farbe nehmen. Abkühlen lassen und unter die Semmelwürfel mischen. Die Erbsen in kochendem Salzwasser bissfest kochen. Abseihen und in Eiswasser abschrecken. Erbsen und Petersilie zur Masse geben und mit Salz, Pfeffer und Muskatnuss abschmecken. Die Masse in die Öffnung der Kalbsbrust füllen und mit einem Bindfaden vernähen. Die Kalbsbrust mit dem Olivenöl einreiben und mit Salz und Pfeffer würzen. Auf ein tiefes Backblech geben und im Backrohr ca. 2 ½ bis 3 Stunden braten lassen. Pro Kilogramm sollte das Fleisch ca. 1 Stunde braten. Alle 30 Minuten mit Wasser übergießen. Wenn die Kalbsbrust zu schnell zu dunkel werden sollte, mit einer Alufolie abdecken und weiterbraten. Die Alufolie schützt vor der direkten Hitze. Herausnehmen und genießen.

KALBSBUTTERSCHNITZERL

FÜR 4 PERSONEN

600 g	Kalbfleisch, faschiert
1	Semmel
1 EL	Semmelbrösel
1 TL	Senf, scharf
1/16 l	Schlagobers
2	Eier
1 TL	Estragon, fein gehackt
2 EL	Petersilie, gehackt
	Salz und Pfeffer
	Muskatnuss, gerieben
	etwas Butterschmalz zum Herausbraten
1/8 l	Rindsuppe
1 EL	Butter, kalt

ZUBEREITUNG

Das Kalbfleisch in eine Schüssel geben. Die Semmel in kaltem Wasser einweichen, bis sie komplett aufgeweicht ist. Zwischen den Händen fest ausdrücken, mit einem Messer ganz fein hacken und zum Fleisch geben. Brösel, Senf, Schlagobers, Eier, Estragon und Petersilie dazugeben und gut durchrühren. Mit Salz, Pfeffer und Muskatnuss würzen. Aus der Masse Laibchen formen und diese in einer heißen Pfanne in etwas Butterschmalz herausbraten. Mit der Rindsuppe aufgießen und diese fast bis zur Gänze verdunsten lassen. Kalte Butter unterrühren und servieren. Klassisch mit Erdäpfelpüree (siehe Seite 96) und Röstzwiebeln genießen.

RÖSTZWIEBELN

FÜR 4 PERSONEN

3	Zwiebeln, geschält und in 3 mm dicke Scheiben geschnitten
3 EL	Mehl, glatt
1 EL	Paprikapulver, edelsüß
	Öl zum Herausbacken

ZUBEREITUNG

Die Zwiebeln in eine Schüssel geben, Mehl und Paprikapulver hinzufügen und gut durchrühren. Eine Pfanne auf den Herd stellen, einen Finger hoch Öl hineingießen und heiß werden lassen. Zuerst das erste Drittel herausbacken. Dabei öfters mit einer Gabel umrühren und darauf achten, dass die Zwiebeln nicht zu dunkel werden. Herausnehmen und auf Küchenpapier abtropfen lassen. Mit den beiden anderen Dritteln gleich verfahren.

GERÖSTETE KALBSLEBER

FÜR 4 PERSONEN

3 EL	Olivenöl
600 g	Kalbsleber, die Haut abgezogen und in 1 cm dicke Scheiben geschnitten
100 g	Hamburger Speck, in Würfel geschnitten
2 EL	Maiskeimöl
1	Zwiebel, geschält und fein geschnitten
3	Knoblauchzehen, geschält und klein geschnitten
1 TL	Tomatenmark
4 cl	Weinbrand
8 cl	Johannisbeersaft
¼ l	Rotwein
2	Äpfel, säuerlich, in Spalten geschnitten und die Kerne entfernt
2 EL	Kristallzucker
⅛ l	Schlagobers
1 EL	Majoran, gezupft
	Salz und Pfeffer

ZUBEREITUNG

Eine Pfanne heiß werden lassen, das Olivenöl hineingeben und die Kalbsleberscheiben darin scharf anbraten. Sofort wieder aus der Pfanne nehmen und beiseite stellen.

Die Speckwürfel mit 2 EL Öl in dieselbe Pfanne geben und knusprig braten. Zwiebel dazugeben und weiterrösten. Knoblauch und Tomatenmark hinzufügen und weiterrösten. Mit Weinbrand ablöschen und diesen verdunsten lassen. Noch etwas weiterrösten und erst jetzt den Johannisbeersaft dazugeben. Auf ein Drittel einreduzieren lassen. Rotwein und Äpfel hinzufügen und weiterkochen. Zucker, Schlagobers und Majoran dazugeben und mit Salz und Pfeffer abschmecken. Die Kalbsleberscheiben in die Pfanne geben, einmal aufkochen lassen und fertig ist der Gaumenschmaus.

TIPP *Serviert mit Braterdäpfeln – besser geht's nicht.*

KALBSRIESLINGSBEUSCHEL

FÜR 6 PERSONEN

700 g	Kalbslunge
1	Kalbsherz
2	Petersilienwurzeln, geschält und der Länge nach halbiert
1	Karotte, geschält und der Länge nach halbiert
1	kleine Sellerieknolle, geschält und grob geschnitten
1	Stange Lauch, gut gewaschen und grob geschnitten
1	Zwiebel, geschält und grob geschnitten
6	Pfefferkörner
4	Wacholderbeeren
2	Lorbeerblätter
1	Paradeiser
5 l	Wasser
1 TL	Sardellenpaste
1 EL	Estragon-Senf
1/16 l	Schlagobers
1 EL	Crème fraîche
4 EL	Petersilie, frisch gehackt
	Salz und Pfeffer

FÜR DIE SAUCE

5 EL	Maiskeimöl
40 g	Mehl, glatt
2	Zwiebeln, geschält und fein geschnitten
60 g	Essiggurkerln, in kleine Würfel oder Streifen geschnitten
1 EL	Kapernbeeren, ohne Stiel, fein gehackt
5	Knoblauchzehen, geschält und fein geschnitten
½ l	Riesling
3 EL	Weißweinessig
1 EL	Aceto balsamico di Modena

ZUBEREITUNG

Die Lunge von Luft- und Speiseröhre befreien (herausschneiden) und mehrmals mit einer Nadel einstechen – das ist ganz wichtig! Lunge und Herz mindestens 4 Stunden in kaltes Wasser einlegen. Das Wasser öfter wechseln, bis es klar bleibt.

Petersilienwurzeln, Karotte, Sellerie, Lauch und Zwiebel gemeinsam mit Pfefferkörnern, Wacholderbeeren, Lorbeerblättern und der halbierten Paradeiser in einen Topf mit 5 l Wasser geben. Langsam zum Kochen bringen. Lunge und Herz hinzufügen, mit einem Teller beschweren und zugedeckt kochen lassen. Nach der Hälfte der Garzeit Lunge und Herz umdrehen. Bei Bedarf Wasser nachgießen. Die Lunge nach etwa 50 Minuten herausnehmen und auskühlen lassen. Das Herz 15 Minuten länger kochen lassen, herausnehmen, ebenfalls auskühlen lassen und beides auf einen Teller legen. Wichtig: Den Beuschelfond nicht weggeben!!! Den brauchst du noch! Auf alle Fälle auch das Gemüse aufbehalten, das verwenden wir als Einlage – entweder klein schneiden oder faschieren. Sollte es dir zu weich sein, kannst du natürlich frisches Gemüse dazugeben – das bringt noch mehr Geschmack in dein Beuschel!

Das Beuschel unbedingt wieder mit einem Teller beschweren und für 5 Stunden in den Kühlschrank stellen – so lassen sich die Innereien besser schneiden.
Für die Sauce das Öl in einem großen Topf erhitzen und darin das Mehl unter ständigem Rühren rösten – am besten bei mittlerer Hitze. Das dauert seine Zeit – man nennt das „eine dunkle Einbrenn", weil man das Mehl röstet, bis es wirklich dunkelbraun ist. Ja nicht aufhören zu rühren! Zwiebeln, Gurkerln, Kapern und Knoblauch dazugeben, kurz miträsten und mit dem Riesling ablöschen. Weißweinessig und Aceto balsamico beifügen und auf die Hälfte einreduzieren. Mit dem Beuschelfond aufgießen und so lange kochen lassen, bis eine sämige Konsistenz entsteht.
In der Zwischenzeit die Haut von der Lunge abziehen und Lunge und Herz von sämtlichen Sehnen und Röhren befreien – das ist die wichtigste Arbeit, hier muss man ganz genau sein! Lunge und Herz in Streifen schneiden, in die Sauce geben und aufkochen. Sardellenpaste und Senf dazugeben und noch etwas einkochen lassen. Ich gebe meistens auch noch etwas vom Essiggurkerlwasser dazu. Zuletzt mit Schlagobers und Crème fraîche verfeinern. Noch etwas Petersilie hinzufügen und ganz am Schluss mit Salz und Pfeffer würzen. Auch der Abrieb einer unbehandelten Zitrone eignet sich hervorragend zur Geschmacksverfeinerung. Wer das Beuschel säuerlicher will, gibt einen Spritzer Zitronensaft hinzu. Jetzt gibst du noch das Gemüse dazu und als Beilage passen Servietten- (siehe Seite 39) oder Sauerrahmknödel.

SAUERRAHMKNÖDEL

FÜR 6 PERSONEN

1 ½ Pkg.	Toastbrot, entrindet und geviertelt
500 g	Sauerrahm
4 EL	Crème fraîche
	Salz und Pfeffer
	Muskatnuss, gerieben
4	Eier

ZUBEREITUNG

Das Toastbrot mit Sauerrahm und Crème fraîche vermischen und mit Salz, Pfeffer und Muskatnuss abschmecken. Die Eier verquirlen und unter die Masse rühren. Nicht erschrecken, die Masse soll sehr flüssig sein! Von einer Klarsichtfolie ein so großes Stück abreißen, dass es noch in den breitesten Topf passt. Mit einem Löffel einen zweilöffelbreiten Streifen der Masse gleichmäßig auftragen und die Folie einschlagen. Zur Stabilisierung nochmals in Alufolie einrollen. In kochendes Wasser geben, die Temperatur zurückdrehen und zugedeckt 25 Minuten ziehen lassen. Herausnehmen, aus der Folie wickeln und in Scheiben schneiden.

FASCHIERTES

FASCHIERTE LAIBCHEN GEBRATEN

FÜR 4 PERSONEN

3	Semmeln, hart, vom Vortag oder 9 Scheiben Toastbrot
1 kg	Faschiertes, gemischt (Rind und Schwein)
3	Zwiebeln, geschält und klein geschnitten
2 EL	Olivenöl
3 EL	Senf, scharf
4 EL	Petersilie, gehackt
1 EL	Majoran, gehackt
3 EL	Semmelbrösel, gehäuft
3	Eier
2 EL	Ketchup, nach Belieben
4	Knoblauchzehen, geschält
	Salz und Pfeffer
	Muskatnuss, gerieben
1 Prise	Kümmel, gemahlen (nach Belieben)
	Öl zum Herausbraten

ZUBEREITUNG

Die Semmeln oder Toastbrotscheiben in kaltem Wasser gut einweichen. (Nie Milch verwenden! Dadurch wird die Masse hart.) Anschließend herausnehmen, gut auspressen und gleich mit einem Messer klein zusammenschneiden. Das Faschierte in eine große Schüssel geben und die Semmeln unter das Faschierte heben, aber ja nicht zu viel umrühren, das macht die Masse zäh und hart.
Die geschnittenen Zwiebeln im Olivenöl rösten, ohne dass sie Farbe annehmen, auskühlen lassen und ebenfalls zur Masse geben. Senf, Petersilie, Majoran, Semmelbrösel, Eier und Ketchup hinzufügen, die Knoblauchzehen hineinpressen und mit Salz, Pfeffer, Muskatnuss und nach Belieben mit gemahlenem Kümmel würzen. Die Masse gut durchkneten – am besten mit den Händen – und für eine halbe Stunde in den Kühlschrank stellen.
Das Backrohr auf 140 Grad Ober- und Unterhitze vorheizen. Die Masse aus dem Kühlschrank nehmen, kosten und bei Bedarf nochmals abschmecken. Laibchen formen – am einfachsten mit feuchten Händen – und auf einen Teller mit Semmelbröseln legen, damit sie nicht kleben bleiben. Eine Pfanne heiß werden lassen, Öl hineingeben und die Laibchen auf beiden Seiten anbraten, bis sie schön braun sind. Zum Warmhalten auf einem Backblech ins Rohr geben, bis alle Laibchen fertig gebraten sind. Die Faschierten Laibchen klassisch mit Erdäpfelpüree (siehe Seite 96) und Röstzwiebeln (siehe Seite 89) genießen.

FASCHIERTE LAIBCHEN GEBACKEN

FÜR 4 PERSONEN

Grundmasse „Faschierte Laibchen" (siehe links)
2 Chilis, entkernt und klein geschnitten (nach Belieben)
Öl zum Herausbacken

FÜR DIE PANIER

6 EL Mehl, glatt
6 Eier, verquirlt
12 EL Semmelbrösel

ZUBEREITUNG

Die Laibchen nach Grundrezept zubereiten – je nach Geschmack mit oder ohne Chili. Für die Variante mit Chili die Chilischoten entkernen, klein schneiden und mit in die Grundmasse geben. Die Laibchen formen und auf einen bemehlten Teller geben.
Das Backrohr auf 140 Grad Ober- und Unterhitze vorheizen.
Für die Panier eine Schüssel mit Mehl, eine mit den verquirlten Eiern und eine dritte mit den Semmelbröseln bereitstellen. Nun die Laibchen im Mehl, dann in den Eiern und zuletzt in den Semmelbröseln wenden und wieder auf einen Teller legen. Einen Topf, eine Pfanne oder eine Fritteuse mit Öl befüllen (mindestens 2 Finger hoch), heiß werden lassen und die Laibchen darin schwimmend herausbacken. Zum Warmhalten auf einem Backblech ins Rohr geben, bis alle Laibchen fertig gebacken sind. Klassisch mit einem Rahmgurkensalat (siehe Seite 26) servieren.

TIPP *Damit die Faschierten Laibchen noch knuspriger werden, zweimal panieren. Aber unbedingt zuerst alle einmal panieren, bevor der zweite Durchgang folgt. Wer sichergehen möchte, dass die Laibchen durch sind, kann sie für 5 Minuten ins Rohr geben.*

FASCHIERTER BRATEN

FÜR 4 PERSONEN

6	Eier
100 g	Bauchspeck, würfelig geschnitten
3 EL	Olivenöl
2	Zwiebeln, geschält und klein geschnitten
3	Knoblauchzehen, geschält und klein geschnitten
3	Semmeln oder 150 g entrindetes Toastbrot
30 g	Ketchup
30 g	Senf, scharf
2 EL	Petersilie, gehackt
1 EL	Majoran, gehackt
750 g	Faschiertes, gemischt (Rind und Schwein)
	Salz und Pfeffer
1	Schweinsnetz – optional
8	Essiggurkerl
10 cl	Gemüsefond oder Wasser

ZUBEREITUNG

Das Backrohr auf 210 Grad Ober- und Unterhitze vorheizen. 4 der 6 Eier hart kochen und schälen. Den Speck in einer heißen Pfanne mit Olivenöl anbraten. Zwiebeln und Knoblauch dazugeben und, ohne dass sie Farbe nehmen, ein paar Minuten braten lassen. Den Inhalt der Pfanne (auch das ganze Öl) in eine große Schüssel geben. Semmeln oder Toast mit so viel lauwarmem Wasser befeuchten, dass sie ganz nass sind, ausdrücken, klein hacken und mit Ketchup, Senf, Kräutern und den 2 rohen Eiern vermengen und zu den Zwiebeln geben. Das Faschierte hinzufügen, salzen, pfeffern und gut durchrühren. Das gut mit kaltem Wasser gewaschene Schweinsnetz ausbreiten und die Masse darauf zu einer Wurst formen. Wenn du die Hände mit lauwarmem Wasser befeuchtest, klebt sie nicht an deinen Fingern. Der Länge nach eine Grube formen und die gekochten Eier und die Essiggurkerl hineinlegen. Wieder zumachen und mit dem Schweinsnetz einwickeln. Ein Blech mit Backpapier auslegen und den Faschierten Braten darauf setzen. Im Rohr 45 Minuten braten lassen. Wer möchte, kann zum Schmoren Knoblauchzehen und Zwiebeln in der Schale mit ins Rohr geben. Nach der halben Bratzeit den Braten mit Wasser oder Gemüsefond übergießen. Wenn der Braten fertig ist, aus dem Rohr nehmen und klassisch mit Erdäpfelpüree servieren.

ERDÄPFELPÜREE

FÜR 4 PERSONEN

500 g	Erdäpfel, mehlig, geschält und geviertelt
110 ml	Milch
110 g	Butter
	Salz und Pfeffer
	Muskatnuss, gerieben

ZUBEREITUNG

Die Erdäpfel in reichlich kaltem Salzwasser zum Kochen bringen und so lange kochen, bis sie beim Anstechen von alleine von der Gabel rutschen. Abseihen und 3 Minuten ausdampfen lassen. Mit einer Erdäpfelpresse pressen. Milch und Butter in einen Topf geben und aufkochen lassen. Über die gepressten Erdäpfel leeren, mit Salz, Pfeffer und Muskatnuss würzen und mit dem Schneebesen umrühren – Mahlzeit.

SCHWEINSBRATEN

FÜR 6–8 PERSONEN

2,5 kg	Schweinebauch oder ein Stück von Schulter oder Schopf
2	Lorbeerblätter
10	Pfefferkörner
6 EL	Salz
	Pfeffer
8	Knoblauchzehen, geschält und klein geschnitten
2 EL	Korianderkörner, gerieben
1 EL	Kümmel, gemahlen
1 Fl.	dunkles Bier
2 EL	Butter, gehäuft

ZUBEREITUNG

Den Schweinebauch in einen Topf mit kochendem Wasser geben – der Bauch sollte komplett bedeckt sein. Lorbeerblätter und Pfefferkörner hinzufügen und 20 Minuten kochen lassen. Herausnehmen und auf einem Blech auskühlen lassen. Anschließend die Schwarte mit einem scharfen Messer einschneiden – 1 cm breite Streifen. Überall mit Salz, Pfeffer, Knoblauch, Koriander und Kümmel einreiben und mindestens 4, aber noch besser 24 Stunden marinieren lassen. Hierfür das Fleisch in ein Plastiksackerl und dieses in den Kühlschrank geben.

Das Backrohr auf 180 Grad Ober- und Unterhitze vorheizen. Das Bier auf ein Backblech oder in einen Bräter schütten und das Fleisch mit der Fettschicht nach unten hineinlegen. Für 30 Minuten ins Rohr geben. Jetzt das Fleisch umdrehen, 2 EL Butter gut auf der Schwarte verteilen und für weitere 1,5 Stunden ins Rohr geben. Unbedingt des Öfteren ins Rohr schauen – es sollte immer ca. 3 cm hoch Flüssigkeit im Blech stehen. Hast du kein Bier mehr zum Nachgießen, einfach stattdessen Wasser verwenden. Aber wichtig: nie Flüssigkeit über die Schwarte gießen!

Das Backrohr abdrehen, einen Spalt öffnen und den Schweinsbraten 15 Minuten darin rasten lassen. Sollte die Schwarte nach Ende der Garzeit noch nicht perfekt knusprig sein, dann den Herd auf 250 Grad Grillstufe einstellen und den Braten ziemlich weit oben nochmals ins Rohr zum Nachknuspern geben. Herausnehmen und traditionell mit Sauerkraut und Knödel servieren.

ERDÄPFELKNÖDEL

TRADITIONELL

GRUNDREZEPT FÜR 4 PERSONEN

500 g	Erdäpfel, mehlig, in der Schale gekocht, geschält und gepresst
100 g	Mehl, griffig
50 g	Mehl, glatt
20 g	Weizengrieß
50 g	weiche Butter
1	Ei
2	Eigelb
	etwas Pfeffer
	Muskatnuss, gerieben

ZUBEREITUNG

Die Erdäpfel bereits am Vortag mit der Schale kochen und heiß schälen. Gleich mit einer Erdäpfelpresse pressen. Auskühlen lassen und in ein Backpapier einrollen.

Am nächsten Tag nochmals fein passieren – am besten wieder mit einer Erdäpfelpresse. Die Erdäpfel mit den restlichen Zutaten zu einem Teig verkneten und den Teig mit Klarsichtfolie zugedeckt ca. 45 Minuten im Kühlschrank rasten lassen. Aus dem Teig Knödel formen und diese in kochendes Salzwasser geben. Die Temperatur zurückdrehen und zugedeckt ca. 12 Minuten ziehen lassen. Der Erdäpfelteig eignet sich perfekt zum Füllen.

SELCHFLEISCHKNÖDEL

FÜR 4 PERSONEN

Grundrezept „Erdäpfelteig"
etwas Maiskeimöl
2 Zwiebeln, geschält und klein geschnitten
450 g Selchfleisch, in kleine Würfel geschnitten
2 EL Petersilie, gehackt
Salz und Pfeffer

ZUBEREITUNG

Den Erdäpfelteig nach Basisrezept vorbereiten und rasten lassen. Inzwischen für die Fülle eine Pfanne heiß werden lassen, etwas Öl hineingeben und die Zwiebeln darin rösten, ohne dass sie Farbe nehmen. Das Selchfleisch dazugeben und ein paar Mal durchrühren. Die Petersilie hinzufügen und mit Salz und Pfeffer abschmecken. Den Erdäpfelteig zu einer armdicken Rolle formen und Scheiben herunterschneiden. 1 EL von der Fülle auf jede Scheibe geben und zu Knödeln formen. Diese in kochendes Salzwasser geben und bei mittlerer Hitze zugedeckt 15 Minuten ziehen lassen.

GRAMMELKNÖDEL

FÜR 4 PERSONEN

Grundrezept „Erdäpfelteig"
etwas Maiskeimöl
2 Zwiebeln, geschält und klein geschnitten
250 g Grammeln
2 Knoblauchzehen, geschält und klein geschnitten
2 EL Petersilie, gehackt
1 EL Majoran, gehackt
Salz und Pfeffer
Kümmel, gemahlen

ZUBEREITUNG

Den Erdäpfelteig nach Basisrezept vorbereiten und rasten lassen. In der Zwischenzeit die Fülle zubereiten: Eine Pfanne heiß werden lassen, etwas Öl hineingeben und die Zwiebeln darin langsam rösten, bis sie gleichmäßig braun sind. Grammeln dazugeben und langsam weiterrösten, bis die Grammeln aufgehen und ein wunderbarer Geruch die Küche erfüllt. Knoblauch, Petersilie und Majoran dazugeben und mit Salz, Pfeffer und etwas gemahlenem Kümmel würzen. Aus der Pfanne nehmen und abkühlen lassen. Den Erdäpfelteig zu einer armdicken Rolle formen und Scheiben herunterschneiden. 1 EL von der Fülle auf jede Scheibe geben und zu Knödeln formen. Diese in kochendes Salzwasser geben und bei mittlerer Hitze zugedeckt 15 Minuten ziehen lassen.

SZEGEDINER KRAUTFLEISCH
MIT SCHWEINSBACKERL & PAPRIKASPECK

FÜR 4 PERSONEN

FÜR DIE SCHWEINSBACKERL

2 EL	Schweineschmalz	½ l	Bier, dunkel
	Salz und Pfeffer	6	Knoblauchzehen, geschält und klein geschnitten
	Kümmel, gemahlen	3	Majoranzweige
8	Schweinsbackerl	2	Thymianzweige
3	Zwiebeln, geschält und klein geschnitten		
1 TL	Tomatenmark		

ZUBEREITUNG

Das Backrohr auf 180 Grad Ober- und Unterhitze vorheizen. Das Schweineschmalz in einem Topf erhitzen und die mit Salz, Pfeffer und Kümmel gewürzten Schweinsbackerl scharf anbraten. Herausnehmen und beiseite stellen. Die Zwiebeln in den Topf geben und langsam unter ständigem Rühren bei mittlerer Hitze rösten – vorsichtig, sie müssen schön braun werden. Das Tomatenmark kurz mitrösten und mit dem Bier aufgießen. Knoblauch, Majoran und Thymian hinzufügen und die Backerl wieder hineingeben. Zugedeckt für 3 Stunden im Rohr fertig garen. Immer wieder überprüfen, ob Flüssigkeit im Topf ist. Wenn nicht, etwas Wasser dazugeben. Wenn die Backerl fertig sind, aus dem Rohr nehmen, die Zweige herausnehmen und mit Salz und Pfeffer würzen. Wer möchte, kann auch noch etwas Knoblauch dazugeben.

FÜR DAS PAPRIKAKRAUT

- 3 Zwiebeln, geschält und klein geschnitten
- 8 EL Olivenöl
- 2 Paprika, rot, entkernt, in kleine Würfel geschnitten
- 1 EL Tomatenmark
- 1 EL Paprikapulver, edelsüß
- 6 cl Apfelessig
- 4 Paradeiser, vom Strunk befreit und geviertelt
- 2 Knoblauchzehen, geschält, klein geschnitten
- 500 g Sauerkraut, in kaltem Wasser gewaschen
- 1 Lorbeerblatt
- 300 ml Gemüsefond
- Salz und Pfeffer
- Kümmel, gemahlen
- 2 EL Honig

ZUBEREITUNG

Währenddessen die Backerl im Rohr fertig garen, das Kraut zubereiten. Die Zwiebeln in einem großen Topf mit 4 EL Olivenöl goldgelb anbraten. Die Paprika dazugeben und mitrösten. Das Tomatenmark hinzufügen und weiterrösten. Das Paprikapulver nur kurz mitrösten – es wird sonst bitter – und sofort mit Apfelessig ablöschen. Die Paradeiser und den Knoblauch dazugeben. 2 Minuten kochen lassen. Das Sauerkraut unterrühren – man muss es wirklich gut durchmischen. Lorbeerblatt und Gemüsefond hinzufügen und 15 Minuten kochen lassen. Mit Salz, Pfeffer und Kümmel abschmecken. Den Honig einrühren und kurz vor dem Servieren 4 EL Olivenöl unterrühren.

FÜR DEN PAPRIKASPECK

- etwas Olivenöl
- 200 g Paprikaspeck oder geräucherter Bauchspeck, in 5 × 5 mm große Würfel geschnitten
- 1 EL Majoranblätter

ZUBEREITUNG

Zuletzt eine Pfanne heiß werden lassen, etwas Olivenöl hineingeben und den Paprikaspeck darin langsam knusprig braten. Majoranblätter dazugeben, fertig. Zum Anrichten das Kraut in eine Schüssel geben, die Backerl darauf verteilen und mit etwas Sauce und Paprikaspeck anrichten.

REISFLEISCH

FÜR 4 PERSONEN

650 g	Schweinefleisch – Schopfbraten oder, wer es magerer will, Schulterfleisch
	Salz und Pfeffer
	etwas Öl
3	Zwiebeln, geschält und klein geschnitten
2	Knoblauchzehen, geschält und klein geschnitten
1	Paprika, rot, entkernt und in kleine Würfel geschnitten
1 EL	Tomatenmark
3 EL	Paprikapulver, edelsüß
⅛ l	Rotwein
1	Lorbeerblatt
1 TL	Kümmel, gemahlen
750 ml	Rindsuppe
250 g	Langkornreis
	Oregano, frisch gezupft
	Parmesan, frisch gehobelt (nach Belieben)
2 EL	Olivenöl (nach Belieben)

ZUBEREITUNG

Das Fleisch in 2 × 2 cm große Würfel schneiden und mit Salz und Pfeffer würzen. In einem Topf mit heißem Öl Zwiebeln und Knoblauch anrösten. Nach ein paar Minuten die Paprikawürfel dazugeben und mitrösten. Das Fleisch mitbraten. Das Tomatenmark hineingeben und weiterrösten, bis fast keine Flüssigkeit mehr im Topf ist. Das Paprikapulver dazugeben, zweimal gut umrühren und mit dem Rotwein ablöschen. Lorbeerblatt und Kümmel hinzufügen und so lange rösten, bis der Wein verdunstet ist. Mit der Rindsuppe aufgießen und aufkochen lassen. Zugedeckt 20 Minuten köcheln lassen.

Das Backrohr auf 170 Grad Ober- und Unterhitze vorheizen.

Den Reis dazugeben – unbedingt kontrollieren, ob genug Flüssigkeit drinnen ist; die Flüssigkeit sollte ca. 1 cm über dem Reis sein. Den zugedeckten Topf für 25 Minuten ins Rohr geben. Herausnehmen, gut durchrühren und nachwürzen. Mit Oregano und, wer möchte, mit frisch gehobeltem Parmesan bestreuen und 2 EL Olivenöl darüber träufeln. Am besten mit grünem Salat servieren.

STEIRISCHES WURZELFLEISCH

FÜR 4 PERSONEN

1,2 kg	Schweinebauch
	etwas Öl
1	Zwiebel, mit der Schale und halbiert
6 cl	Apfelessig
2	Lorbeerblätter
1 TL	Pfefferkörner
3	Karotten, geschält
½ Stk.	Knollensellerie, geschält
3	Jungzwiebeln
3	Petersilienwurzeln, geschält
	Salz und Pfeffer
	Kren, frisch gerieben (nach Belieben)

ZUBEREITUNG

Den Schweinebauch mit kaltem Wasser gut abwaschen.
Einen hohen Topf mit Wasser füllen und aufkochen lassen. Den Schweinebauch hineingeben und kochen lassen – dabei sollte der Bauch komplett mit Wasser bedeckt sein. 5 Minuten kochen lassen. Wenn sich ein grauer Schaum bildet, diesen mit einem Schöpfer abschöpfen. In einer Pfanne in etwas Öl die Zwiebelhälften auf der Schnittfläche einlegen und ganz schwarz braten – ohne sie umzudrehen. Herausnehmen und zum Fleisch geben. Apfelessig, Lorbeerblätter und Pfefferkörner hinzufügen. Jetzt soll das Wasser nur mehr sieden und nicht mehr so wild kochen. Das Fleisch also knapp unter dem Kochpunkt für mindestens 2,5 Stunden ziehen lassen, bis es butterweich ist. Wenn man es mit einer Fleischgabel ansticht, muss es ganz leicht von der Gabel rutschen. Eine halbe Stunde vor Garende Karotten, Sellerie, Jungzwiebeln und Petersilienwurzel dazugeben und mitkochen. Mit Salz und Pfeffer würzen. Wenn das Fleisch fertig ist, mit der Suppe und dem Gemüse in einem Suppentopf anrichten und frisch geriebenen Kren dazu reichen. Dazu passen Salzerdäpfel.

WIENER BACKFLEISCH

FÜR 4 PERSONEN

4	Beiriedscheiben, à 180 g
	Salz
4 TL	Senf, scharf (am besten Colman´s Senf)
1 Stk.	frischer Kren, geschält
12 EL	Mehl, glatt
5	Eier
12 EL	Semmelbrösel
	Butter- oder Schweineschmalz zum Herausbacken

ZUBEREITUNG

Die Beiriedscheiben leicht klopfen und salzen. Auf der Oberseite mit Senf bestreichen und frischen Kren darüber reiben.
3 tiefe Teller mit Mehl, verquirlten Eiern und Bröseln vorbereiten und die Beiriedscheiben darin genau in dieser Reihenfolge panieren. Schwimmend in heißem Butterschmalz herausbacken. Herausnehmen, auf einem Küchenpapier abtropfen lassen und mit Beilage nach Wahl servieren. Schmeckt am besten mit Petersilien- oder Schnittlaucherdäpfel und gemischten Blattsalaten.

RINDSROULADE

FÜR 4 PERSONEN

- 4 Rindsschnitzel, à 180 g
- 4 EL Senf
- Salz und Pfeffer
- Zahnstocher
- 3 EL Öl
- 1 EL Honig

FÜR DIE FÜLLUNG

- 12 Speckscheiben
- 4 Karotten, geschält und in 5 mm dicke Stifte geschnitten
- 4 Essiggurkerl, in 5 mm dicke Stifte geschnitten

FÜR DIE SAUCE

- 1 Zwiebel, geschält und klein geschnitten
- 2 EL Maiskeimöl
- 1 EL Tomatenmark
- ¼ l Rotwein
- ½ l Rindsuppe oder Wasser mit Rindsuppengewürz
- 3 Knoblauchzehen, geschält und klein geschnitten
- 2 EL Kapernbeeren

ZUBEREITUNG

Die Rindsschnitzel leicht klopfen, mit Senf bestreichen, salzen und pfeffern. Mit den Speckscheiben belegen und Karotten- und Essiggurkerlstifte darauf verteilen. Zusammenrollen und jede Roulade mit einem Zahnstocher fixieren. Einen Topf aufstellen, heiß werden lassen und 3 EL Öl hineingeben. Die Rindsrouladen auf allen Seiten scharf anbraten, herausnehmen und beiseite stellen. Nun die Sauce zubereiten: Die Zwiebel mit 2 EL Öl in eine heiße Pfanne geben und gut anrösten; sie soll schön gleichmäßig dunkelbraun werden und nicht verbrennen oder anbrennen. Das Tomatenmark hinzufügen und mitrösten. Mit Rotwein aufgießen und diesen fast zur Gänze wegreduzieren lassen. Rindsuppe und Knoblauch dazugeben und ein wenig einkochen lassen. Nun die Kapern beifügen. Das Backrohr auf 180 Grad Ober- und Unterhitze vorheizen. Die Rindsrouladen in einen Schmortopf oder einen tiefen Topf geben, die Sauce darüber geben und zugedeckt 1,5 Stunden im Rohr schmoren lassen. Sind sie gar, aus dem Rohr nehmen. Die Rouladen aus der Sauce heben und warm stellen. Die Sauce kosten und eventuell noch ein wenig auf dem Herd reduzieren – damit sie mehr Kraft hat. Den Honig einrühren, mit Salz und Pfeffer würzen. Die Rouladen wieder zurück in die Sauce geben und servieren.

TIPP *Preiselbeerkompott und Sauerrahm passen perfekt dazu. Als Beilage empfehle ich Butterspiralen.*

RINDSSCHULTERSCHERZL

ZUTATEN FÜR 6–8 PERSONEN

1	Rindsschulterscherzl, ca. 2 ½ kg
0,7 l	Portwein, rot
¼ l	Cognac
½ l	Blauburgunder
	Salz und Pfeffer
	Olivenöl
150 g	Bauchspeck, gewürfelt
2	Zwiebeln, geschält und gewürfelt
6	Knoblauchzehen, geschält und gewürfelt
2	Petersilienwurzeln, geschält und gewürfelt
1	Karotte, geschält und gewürfelt
1	Knollensellerie, geschält und gewürfelt
6	Schalotten, geschält
2 EL	Tomatenmark
1	Paradeiser, geviertelt und vom Strunk befreit
¼ l	Rindsuppe oder Wasser mit Suppenwürfel
5	Wacholderbeeren
2	Lorbeerblätter
1 Bund	Thymian, gezupft
3	Rosmarinzweige
10	Pfefferkörner
1 EL	Honig
	Muskatnuss, gerieben

ZUBEREITUNG

Das Rindfleisch in eine Schüssel legen, mit rotem Portwein, Cognac und Blauburgunder übergießen und 24 Stunden im Kühlschrank marinieren.

Das Backrohr auf 160 Grad Ober- und Unterhitze vorheizen. Das Rindfleisch aus der Marinade nehmen und mit Salz und Pfeffer gut würzen. Die Marinade in einem Topf aufkochen lassen und den Schaum abschöpfen. Etwas Olivenöl in einen heißen großen Topf geben und das Fleisch darin auf allen Seiten anrösten. Das Fleisch herausnehmen und beiseite stellen. Den Speck in denselben Topf geben und rösten. Nach ein paar Minuten das Gemüse dazugeben und so lange mitrösten, bis es eine schöne Farbe hat. Das Tomatenmark beimengen und weiterrösten. Wenn es sich am Topfboden anzulegen beginnt, einen Schöpfer von der Marinade hinzufügen. Die Marinade einkochen lassen, weiterrösten und nochmals mit etwas Marinade aufgießen. Erneut einkochen lassen. Den Paradeiser dazugeben. Die restliche Marinade beifügen und mit der Rindsuppe auffüllen. Wacholderbeeren, Lorbeerblätter, Thymian, Rosmarin, Pfefferkörner und das Rindfleisch dazugeben und aufkochen lassen. Anschließend zugedeckt für 2 ½ Stunden im Backrohr garen lassen. Das Rindfleisch mit einer Fleischgabel anstechen. Wenn es leicht von der Gabel rutscht, ist es fertig. Das Rindfleisch aus dem Topf nehmen. Die Fleischsauce in einen anderen Topf abseihen und einkochen lassen, bis sie einen intensiven Geschmack aufweist. Den Honig hinzufügen und mit Salz, Pfeffer und Muskatnuss abschmecken – eventuell mit Stärkemehl abbinden. Das Rindfleisch aufschneiden und mit dem mitgeschmorten Gemüse servieren. Braterdäpfel ergänzen dieses Gericht optimal.

ZWIEBELROSTBRATEN

FÜR 4 PERSONEN

4	Rostbratenscheiben, à 180 g
	Salz und Pfeffer
3 EL	Mehl, griffig
3 EL	Öl
1	Zwiebel, weiß, geschält und klein geschnitten
6 cl	Cognac oder Weinbrand
200 ml	Rindsuppe
1 EL	Butter, kalt
1	Zwiebel, rot, geschält und in Spalten geschnitten
3 EL	Mehl, glatt
1	Ei
4 EL	Semmelbrösel
	Öl zum Herausbacken

ZUBEREITUNG

Die Rostbratenscheiben salzen, pfeffern und in griffigem Mehl wenden. Eine Pfanne heiß werden lassen und das Öl hineingeben. Die Rostbratenscheiben darin auf beiden Seiten schön braun anbraten. Aus der Pfanne nehmen und beiseite stellen.

Die klein geschnittene Zwiebel mit etwas Öl in dieselbe Pfanne geben und langsam rösten, bis sie dunkelbraun ist. Mit Cognac ablöschen, mit Rindsuppe aufgießen und gut durchkochen lassen. Mit Salz und Pfeffer würzen und zur Bindung mit einem Schneebesen die kalte Butter einrühren. Die Rostbratenscheiben wieder dazugeben und in der Sauce ein paar Minuten ziehen lassen. Die Zwiebelspalten in Mehl, Ei und Brösel wenden und in heißem Öl schwimmend herausbacken. Auf einem Küchenpapier abtropfen lassen. Den Rostbraten mit der Sauce, den Zwiebelspalten und den eingelegten Radieschen servieren. Dazu passen Braterdäpfel.

EINGELEGTE RADIESCHEN

FÜR 4 PERSONEN

3 EL	Olivenöl
12	Radieschen, ohne Grün, gewaschen, in 5 mm dicke Scheiben geschnitten
1/16 l	Weißwein
1 TL	Kristallzucker
8 EL	Balsamico bianco
	Salz und Pfeffer

ZUBEREITUNG

Eine Pfanne heiß werden lassen, das Olivenöl hineingeben und die Radieschen bei mittlerer Hitze schmoren – durch das viele Wasser, das in den Radieschen enthalten ist, werden sie gar gebraten. Nach ca. 5 Minuten verändert sich ihre Farbe und sie beginnen leicht rosarot zu werden. Jetzt mit dem Weißwein ablöschen und diesen bei höchster Stufe verdunsten lassen. Zucker dazugeben und leicht karamellisieren. Mit Balsamicoessig ablöschen und 2 Minuten kochen lassen. Mit Salz und Pfeffer würzen. Die Radieschen sollte man bereits am Vortag zubereiten. Im Kühlschrank gelagert können sie über Nacht noch durchziehen.

RINDSGULASCH
MIT BREZNKNÖDELN

FÜR 10 PERSONEN

3,3 kg	Rinderwade, in 4 × 4 cm große Würfel geschnitten
1 l	Rotwein
3 EL	Schweineschmalz oder Maiskeimöl
3,3 kg	Zwiebeln, geschält und klein geschnitten
3 EL	Tomatenmark
375 g	Paprikamark oder Ajvar
75 g	Paprikapulver, edelsüß
250 g	Ketchup
2,5 l	Rindsuppe
3	Lorbeerblätter
3 EL	Majoran, getrocknet
11	Knoblauchzehen, geschält und klein geschnitten
	Breznknödel (siehe Seite 46)
	Salz und Pfeffer
2 EL	Kümmel, gemahlen

ZUBEREITUNG

Bereits am Vortag die Rindfleischwürfel in eine große Schüssel oder einen Topf geben. Den Rotwein darüber leeren, gut durchrühren und abdecken. Für 24 Stunden im Kühlschrank marinieren lassen. Am nächsten Tag abseihen, den Rotwein auffangen und aufheben.
Einen großen Topf heiß werden lassen, das Schmalz hineingeben und die Zwiebeln darin rösten. Das Wichtigste dabei, immer umrühren, damit sie sich nicht anlegen. Durch das lange Rösten verlieren die Zwiebeln Wasser und der Zucker kommt heraus, dieser karamellisiert und wird dadurch süßlich. Und genau das wollen wir erreichen. Aber das dauert eben. Stunden später, wenn die Zwiebeln schön gleichmäßig dunkelbraun geworden und nicht angebrannt sind, das Tomatenmark dazugeben und weiterrösten. Paprikamark und Paprikapulver hinzufügen und 2 Minuten mitrösten. Den Rotwein dazugeben und auf die Hälfte reduzieren lassen. Ketchup, Rindsuppe, Lorbeerblätter und Majoran hineingeben und aufkochen. Fleisch und Knoblauch beifügen, die Hitze reduzieren und das Fleisch weich kochen lassen.
In der Zwischenzeit die Breznknödel laut Rezept zubereiten.
Ist das Fleisch weich, das Gulasch mit Salz, Pfeffer und Kümmel würzen. Wer möchte, kann auch noch etwas Majoran, Knoblauch oder Chili dazugeben.

TIPP *Wer macht das beste Gulasch? Um diesen Titel kämpfen viele Köche und das schon seit Jahrhunderten. Für mich gibt es das beste Gulasch im Café Anzengruber in der Schleifmühlgasse in Wien. Aber auch meines kann sich sehen lassen, probier es aus. Und nicht vergessen: Gulasch sagt man, schmeckt von Tag zu Tag besser – das stimmt auch! Am besten mit Essiggurkerl genießen.*

TAFELSPITZ

FÜR 6 PERSONEN

1	Tafelspitz, ca. 2,5 kg
4	Markknochen, geschnitten
5 l	Wasser
2 EL	Maiskeimöl
2	Zwiebeln, mit Schale, halbiert
10	Pfefferkörner
2	Lorbeerblätter
5	Wacholderbeeren
2	Petersilienwurzeln
1	Sellerie
1	Karotte
1	Paradeiser
1 Bund	Schnittlauch, frisch geschnitten

ZUBEREITUNG

Rindfleisch und Knochen mit heißem Wasser abwaschen. Mit 5 l Wasser in einen großen Topf geben und aufkochen lassen. Den entstehenden Schaum abschöpfen. Eine Pfanne heiß werden lassen, 2 EL Öl hineingeben und die halbierten Zwiebeln auf der Schnittfläche braten, bis sie kohlrabenschwarz sind. Die Zwiebeln mit den Gewürzen zum Fleisch geben und nicht mehr wallend kochen lassen. Das dauert ca. 3–4 Stunden. 1 Stunde, bevor das Fleisch fertig gekocht ist, das Gemüse gut waschen und der Länge nach halbieren. In den Suppentopf geben und mitköcheln lassen. Um zu überprüfen, ob das Fleisch fertig ist, das Fleisch mit einer Fleischgabel anstechen. Wenn es von selbst herunterrutscht, ist es fertig. Aber Achtung, nicht dass du dich anspritzt. Fleisch und Gemüse herausnehmen und aufschneiden. Mit viel frisch geschnittenem Schnittlauch servieren.

TIPP *Die Suppe kann man auch mit Frittaten (siehe Seite 9) als Vorspeise servieren. Traditionell wird der Tafelspitz mit Erdäpfel-Lauch-Schmarrn, Schnittlauchsauce und Apfelkren serviert. Na dann guten Appetit!*

APFELKREN

FÜR 6 PERSONEN

3	säuerliche Äpfel
1	Zitrone, nur der Saft
1 EL	Kristallzucker
	Salz und Pfeffer
	Kren, frisch gerissen

ZUBEREITUNG

Die Äpfel schälen, entkernen und fein reiben – am besten gleich in einen Topf hinein. Den Saft einer Zitrone und den Zucker dazugeben. Das Ganze einmal kurz erwärmen, dann verfärbt sich der Apfel nicht. Danach mit Salz und Pfeffer nach eigenem Geschmack würzen und auskühlen lassen. Zuletzt den Kren – auch hier Menge nach eigenem Belieben – untermischen.

ERDÄPFEL-LAUCH-SCHMARRN

FÜR 6 PERSONEN

600 g	Erdäpfel, mittelgroß, speckig, am Vortag in der Schale gekocht und geschält
	etwas Maiskeimöl
1	Stange Lauch, in 2 mm dicke Ringe geschnitten
	Salz und Pfeffer
	Kümmel, gemahlen
4 EL	Petersilie, gehackt

ZUBEREITUNG

Von den Erdäpfeln mit einer groben Reibe lange Streifen herunterreiben. Eine große beschichtete Pfanne auf den Herd stellen und heiß werden lassen. Mittlere Hitze ist optimal. Etwas Öl in die Pfanne geben, die Erdäpfel hinzufügen und langsam braten, bis sie knusprig sind. Nicht zu viel umrühren, sonst bekommst du einen Gatsch. Es soll ein überall gleichmäßig knuspriger Schmarrn entstehen. Wenn die Erdäpfel zu viel Öl saugen, gib einfach noch ein wenig dazu. Wenn der Erdäpfelschmarrn fertig ist, den Lauch dazugeben und nochmals 2 Minuten durchschwenken. Mit Salz, Pfeffer und gemahlenem Kümmel würzen und mit der Petersilie bestreuen.

SCHNITTLAUCHSAUCE

FÜR 6 PERSONEN

1	Ei, hart gekocht, 6,5 Minuten
2	Scheiben Toastbrot, entrindet
4 EL	Milch zum Befeuchten
2	Eigelb
1 TL	Kristallzucker
1 TL	Senf, scharf
2 cl	Balsamico bianco
1/16 l	Essiggurkerlwasser
150 ml	Maiskeimöl
	Salz und Pfeffer
6 EL	Schnittlauch, frisch geschnitten
1 TL	Worcestersauce (nach Belieben, kann auch weggelassen werden)

ZUBEREITUNG

Das Ei schälen und in Eigelb und Eiweiß trennen. Das Toastbrot in grobe Stücke schneiden und mit der Milch befeuchten. Diese mit dem hart gekochten Eigelb, dem rohen Eigelb, Zucker, Senf und Balsamico in ein hohes Gefäß geben und mit einem Stabmixer pürieren. Das Essiggurkerlwasser dazugeben und weitermixen. Langsam das Öl einmixen, bis eine schöne Sauce entsteht. Salzen, pfeffern und den frisch geschnittenen Schnittlauch dazugeben. Zuletzt die Worcestersauce hinzufügen und das gekochte Eiweiß darüber streuen.

KAISERSCHMARRN
MIT ZWETSCHKENRÖSTER

KAISERSCHMARRN

FÜR 4 PERSONEN

6 EL	Mehl
260 ml	Milch
2 EL	Rum
1 EL	Vanillezucker
4	Eigelb
½	Orange, unbehandelt, nur die Schale
4	Eiweiß
1 Prise	Salz
6 EL	Kristallzucker
2 EL	Butter
2 EL	Rosinen (nach Belieben)
	Staubzucker (nach Belieben)

ZUBEREITUNG

Das Backrohr auf 200 Grad Ober- und Unterhitze vorheizen.
Das Mehl in eine Schüssel geben und mit Milch glatt rühren. Rum, Vanillezucker, Eigelb und die fein geriebene Schale der halben Orange einrühren und 30 Minuten im Kühlschrank rasten lassen.
In einer zweiten Schüssel das Eiweiß halb schlagen, etwas Salz dazugeben und 4 EL Kristallzucker während des Aufschlagens langsam einrinnen lassen und so den Schnee fest aufschlagen. Den Schnee unter die Masse heben.
Eine beschichtete Pfanne heiß werden lassen, die Butter hineingeben und die Masse hinzufügen. Kurz anbacken und mit Rosinen bestreut für ca. 15 Minuten ins Backrohr geben. Herausnehmen und mit 2 Gabeln zerreißen. Mit 2 EL Kristallzucker bestreuen und zum Karamellisieren nochmals ganz oben ins Backrohr geben. Aus dem Rohr nehmen und mit Zwetschkenröster genießen. Wem der Schmarrn zu wenig süß ist, mit Staubzucker bestreuen.

ZWETSCHKEN-RÖSTER

FÜR 4 PERSONEN

300 g	Kristallzucker
¼ l	Portwein, rot
600 g	Zwetschken, halbiert und entkernt
2	Gewürznelken
1	Zimtstange
1	Zitrone, nur der Saft
1 TL	Vanillezucker

ZUBEREITUNG

Den Zucker in einem großen Topf karamellisieren lassen. Mit Portwein ablöschen, verdunsten lassen und kochen. Die Zwetschken und die übrigen Zutaten dazugeben und einkochen, bis die gewünschte Konsistenz erreicht ist.

STEFFI-OMAS MOHN-WUZZINUDELN

FÜR 4 PERSONEN

500 g	Erdäpfel, mehlig, ungeschält
110 g	Butter
80 g	Mehl, griffig
80 g	Mehl, glatt
1 EL	Weizengrieß
3	Eigelb
1 Prise	Salz
6 cl	Rum
3 EL	Kristallzucker
1	Zimtstange
120 g	Mohn, gemahlen
	Staubzucker zum Bestreuen
1 TL	Vanillezucker

ZUBEREITUNG

Die Erdäpfel bereits am Vortag in reichlich Salzwasser kochen, abseihen, schälen und abkühlen lassen. In Backpapier einwickeln und kühl lagern.

Am nächsten Tag 30 g Butter in einem Topf zerlassen. Die Erdäpfel mit einer Erdäpfelpresse auf die Arbeitsfläche pressen oder fein reiben. In die Mitte eine Mulde drücken und das Mehl daraufsieben. Zerlassene Butter, Grieß, Eigelb und das Salz dazugeben und zu einem Teig kneten. 30 Minuten zugedeckt im Kühlschrank rasten lassen. Aus dem Teig eine 3 cm dicke Rolle formen. Mit einer Teigkarte daumendicke Stücke abschneiden und diese auf der bemehlten Arbeitsfläche mit den Handflächen zu Nudeln wuzzeln.

In einem großen Topf genügend Wasser aufstellen. Rum, Kristallzucker und Zimtstange hinzufügen und aufkochen. Die Nudeln in das kochende Wasser geben und nach dem erneuten Aufkochen 5 Minuten ziehen lassen.

Eine beschichtete Pfanne erhitzen und die restlichen 80 g Butter darin aufschäumen. Die Nudeln mit einem Siebschöpfer abschöpfen, direkt in die Butter geben und durchschwenken. Mit Mohn und Staubzucker bestreuen und den Vanillezucker daraufgeben. Nach Belieben noch eine kleine Prise Zimt darüberstreuen.

APFELSTRUDEL

FÜR 6 PERSONEN

1 kg	Äpfel, säuerlich, geschält, entkernt
100 g	Butter
80 g	Semmelbrösel
80 g	Walnüsse, gerieben
60 g	Rosinen (nach Belieben)
1 EL	Vanillezucker
1 TL	Zimt, gemahlen
6 EL	Kristallzucker
4	Zitronen, nur der Saft
2 EL	Rum
1	Strudelteig, selbst gemacht (siehe rechts) oder gekauft
2 EL	Butter, flüssig, zum Bestreichen
2	Eigelb, verquirlt, zum Bestreichen
	Staubzucker zum Bestreuen

ZUBEREITUNG

Das Backrohr auf 180 Grad Ober- und Unterhitze vorheizen. Die Äpfel in 2 x 2 cm große Würfel oder Scheiben schneiden und in eine Schüssel geben. Die Butter in einer beschichteten Pfanne schmelzen und darin Brösel und Walnüsse unter ständigem Rühren rösten, bis sie gleichmäßig braun sind. Gemeinsam mit den Rosinen zu den Apfelstücken geben und alles gut miteinander verrühren. Vanillezucker, Zimt, Kristallzucker, Zitronensaft und Rum beimengen und abschmecken. Den Teig ausrollen oder ausbreiten (bei einem gekauften Teig die Blätter doppelt verwenden) und mit flüssiger Butter bestreichen. Die Apfelmasse im ersten Drittel verteilen, den Teig fest einrollen und beide Enden nach unten schlagen. Den Strudel auf ein mit Backpapier ausgelegtes Backblech legen, nochmals mit etwas flüssiger Butter bestreichen und für ca. 40 Minuten im Rohr backen. Nach ungefähr 30 Minuten den Strudel mit Eigelb bestreichen. Anschließend herausnehmen und mit Staubzucker bestreuen. Mit Vanillesauce (siehe Seite 129), Schlagobers oder Vanilleeis genießen.

STRUDELTEIG

GRUNDREZEPT FÜR 6 PERSONEN

260 g	Mehl, glatt
1	Eigelb
1 EL	Tafel- oder Hesperidenessig
2 EL	Sonnenblumen- oder Maiskeimöl
125 ml	Wasser, warm
	etwas Öl zum Einreiben

ZUBEREITUNG

Die Zutaten in einer Küchenmaschine und mithilfe eines Knethakens schnell zu einem Teig verarbeiten, sonst wird er zäh. Herausnehmen, mit den Händen nachkneten, zu einem großen Teigknödel formen, auf einen Teller legen, mit wenig Öl einreiben und im Kühlschrank mindestens 1 Stunde rasten lassen. Ein Strudeltuch oder, wenn du keines hast, ein Tischtuch, am besten aus Leinen, ausbreiten. Reichlich Mehl darauf verteilen, damit der Teig nicht kleben bleibt. Den Teig darauflegen, mit beiden Handflächen flach drücken und mit einem Nudelwalker etwas ausrollen. Jetzt den Nudelwalker weglegen und den Teig ziehen. Das ist ganz einfach: Zuerst aber unbedingt deine Ringe von den Fingern entfernen! Die Hände gut mit Mehl einreiben, mit beiden Händen unter den Teig schlüpfen und nun abwechselnd zuerst mit dem linken, dann mit dem rechten Handrücken ausziehen. Immer wieder ziehen, ziehen. Sollte er dir reißen, gleich zusammendrücken und weiter geht's, bis der Teig an allen Seiten über den Tisch reicht oder ganz dünn ist und du gut durchsiehst. Jetzt kannst du ihn nach Herzenslust füllen. Ob süß oder pikant – mit diesem Teig geht alles.

TOPFENSTRUDEL
MIT VANILLESAUCE

FÜR 6 PERSONEN

220 g	Brioche-Toast, entrindet
3 EL	Milch
120 g	Butter
100 g	Staubzucker
1 TL	Vanillezucker
6	Eigelb
600 g	Topfen, 20 %, passiert
100 g	Sauerrahm
2	Zitronen, unbehandelt, der Saft und von 1 Zitrone die fein geriebene Schale
2 cl	Rum
1 EL	Vanillepuddingpulver
60 g	Rosinen (nach Belieben)
6	Eiweiß
1 Prise	Salz
60 g	Kristallzucker
1	Strudelteig, selbst gemacht (siehe Seite 125) oder gekauft
100 g	Butter, flüssig, zum Bepinseln
2	Eigelb, verquirlt, zum Bestreichen
	Staubzucker zum Bestreuen
1	Vanillesauce (siehe Seite 129)

ZUBEREITUNG

Den Brioche-Toast in 1 x 1 cm große Würfel schneiden, in eine Schüssel geben und mit der Milch gut vermischen, also leicht anfeuchten und stehen lassen.

In einer zweiten Schüssel die Butter mit einem Handmixer aufschlagen, Staub- und Vanillezucker dazugeben und weiterschlagen. Langsam das Eigelb unterrühren und so lange schlagen, bis sich das Volumen nicht mehr vergrößert. Dann Topfen und Sauerrahm gut unterheben und verrühren – das geht am besten mit einem Schneebesen. Den Handmixer zu diesem Zeitpunkt nicht mehr verwenden, sonst schlägst du das Wasser aus dem Topfen und die Masse gerinnt. Briochewürfel, Zitronensaft und -schale, Rum, Vanillepuddingpulver und Rosinen unterheben und die Masse 15 Minuten rasten lassen.

Das Backrohr auf 180 Grad Ober- und Unterhitze vorheizen.

In der Zwischenzeit das Eiweiß in einer weiteren Schüssel halb steif schlagen, eine Prise Salz hinzufügen und unter ständigem Schlagen den Kristallzucker langsam einrieseln lassen, bis das Eiweiß ein fester Schnee ist. Diesen Eischnee mit einem Gummihund unter die Masse heben.

Den Strudelteig ausziehen (bei einem gekauften Teig die Blätter doppelt verwenden), mit etwas flüssiger Butter bestreichen, die Masse darauf verteilen, den Teig eindrehen und beide Enden nach unten klappen, damit nichts ausrinnt. Nochmals mit flüssiger Butter bestreichen und den Strudel auf einem tiefen, mit Backpapier ausgelegten Blech für ca. 45 Minuten ins Rohr stellen. Ca. 10 Minuten vor dem Ende der Backzeit den Strudel mit dem verquirlten Eigelb bestreichen. Herausnehmen und auskühlen lassen. Mit Staubzucker bestreuen und mit Vanillesauce genießen.

TIPP *An warmen Tagen empfehle ich dazu Vanilleeis.*

MILCHRAHMSTRUDEL

FÜR 6 PERSONEN

400 g	Toastbrot, entrindet und in kleine Würfel geschnitten
125 ml	Milch
150 g	Butter
70 g	Staubzucker
6	Eigelb
250 g	Sauerrahm
3 EL	Crème fraîche
80 g	Rosinen (nach Belieben)
1	Zitrone, unbehandelt, Saft und fein geriebene Schale
1 TL	Vanillezucker
40 g	Semmelbrösel
6	Eiweiß
1 Prise	Salz
70 g	Kristallzucker
1	Strudelteig, selbst gemacht (siehe Seite 125) oder gekauft
2 EL	Butter, flüssig, zum Bepinseln
2	Eigelb, verquirlt, zum Bestreichen

FÜR DEN ÜBERGUSS

250 ml	Milch
250 g	Sauerrahm
3	Eier
50 g	Kristallzucker
1 TL	Vanillezucker
½	Zitrone, unbehandelt, nur die Schale

ZUBEREITUNG

Das Backrohr auf 180 Grad Ober- und Unterhitze vorheizen. Die Toastbrotwürfel in eine Schüssel geben und mit der Milch befeuchten. In einer anderen Schüssel die Butter schaumig rühren, Staubzucker dazugeben, weiterschlagen und nach und nach das Eigelb einrühren. Hat die Masse an Volumen gewonnen, kommen die befeuchteten Toastbrotwürfel, Sauerrahm, Crème fraîche, Rosinen, Zitronensaft und -schale, Vanillezucker sowie Brösel dazu. Alles miteinander gut durchrühren. In einer weiteren Schüssel das Eiweiß anschlagen, eine Prise Salz dazugeben, weiterschlagen und nach und nach den Kristallzucker hinzufügen, bis ein fester Schnee entsteht. Dann den Eischnee mit einem Gummihund unter die Masse heben. Danach den Strudelteig ausbreiten (bei einem gekauften Teig die Blätter doppelt verwenden) und mit etwas flüssiger Butter bestreichen. Die Masse darauf verteilen, den Teig fest einrollen, die Enden umstülpen und gut verschließen. In ein tiefes, ausgebuttertes Blech legen, erneut mit flüssiger Butter bepinseln und ins Rohr stellen.
In der Zwischenzeit den Überguss zubereiten. Dafür alle Zutaten in einer Schüssel verrühren. Nach 15 Minuten Backzeit das erste Drittel des Übergusses über den Teig gießen und mit einem Holzspieß kleine Kanäle in den Milchrahmstrudel stechen – ganz tief hinein und nach links und nach rechts ziehen. Alle 15 Minuten den Strudel mit dem Überguss übergießen, bis er aufgebraucht ist. Nach dem letzten Mal die Oberseite des Strudels noch mit Eigelb anpinseln und 10 Minuten fertig backen. Die Gesamtbackzeit beträgt ca. 55 Minuten. Herausnehmen und mindestens 1 Stunde abkühlen lassen. Der Strudel schmeckt großartig mit Vanillesauce. Man kann auch Himbeeren in die Fülle geben.

VANILLESAUCE

FÜR 6 PERSONEN

250 ml	Schlagobers
250 ml	Milch
60 g	Kristallzucker
40 g	Vanillezucker
2	Vanilleschoten, der Länge nach aufgeschnitten und das Mark herausgekratzt
2 EL	Rum
7	Eigelb

ZUBEREITUNG

Alle Zutaten, ausgenommen das Eigelb, in einem Topf langsam zum Kochen bringen. 10 Minuten ziehen lassen. Nun das Eigelb etwas schaumig rühren und einen Schöpfer von der kochenden Vanillemilch in das Eigelb rühren – und gleich wieder mit Schwung zurück in die kochende Vanillemilch. Gut umrühren – die Vanillesauce darf jetzt nicht mehr so stark kochen. Zur Rose abziehen, heißt das Fachwort. Das bedeutet, jetzt leicht kochen lassen, bis die Sauce dicker wird. Und wenn du mit einem Kochlöffel in die Sauce eintunkst, ihn herausnimmst und dann auf den Rücken des Kochlöffels bläst, siehst du das Bild einer Rose. Dann hat die Sauce die Konsistenz erreicht, die wir wollen. Durch ein Haarsieb seihen – fertig.

SEITE 129

APFEL

GEBACKENE APFELRINGE
IM RIESLINGBACKTEIG

FÜR 4 PERSONEN

4	Äpfel, säuerlich
2	Zitronen, nur der Saft für das Zitronenwasser
	Öl zum Herausbacken
	Staubzucker zum Bestreuen

FÜR DEN WEINBACKTEIG

50 ml	Öl
250 ml	Riesling
1 TL	Vanillezucker
1	Zitrone, unbehandelt, nur die fein geriebene Schale
4	Eigelb
280 g	Mehl, glatt
4	Eiweiß
1 Prise	Salz
20 g	Kristallzucker

ZUBEREITUNG

Die Äpfel schälen, das Gehäuse herausstechen und 1 cm große Scheiben herunterschneiden. Die Scheiben in Zitronenwasser einlegen, sodass die Äpfel komplett mit Wasser bedeckt sind. Dadurch verfärben sie sich nicht und bleiben weiß.

Für den Weinbackteig Öl, Wein, Vanillezucker, Zitronenschale und Eigelb verrühren und langsam das Mehl einrühren. 10 Minuten stehen lassen, damit sich die Stärke des Mehls entfalten kann.

Das Eiweiß halb steif schlagen, Salz hinzufügen, langsam den Kristallzucker einrieseln lassen, zu festem Schnee schlagen und diesen unterheben.

Die Apfelringe gut durch den Backteig ziehen und auf beiden Seiten in einer beschichteten Pfanne im Öl goldgelb herausbacken. Dann auf einem Küchenpapier abtropfen lassen und gleich mit Staubzucker bestreuen.

MARILLENPALATSCHINKEN

PALATSCHINKENTEIG

GRUNDREZEPT FÜR 10 STÜCK

130 g	Mehl, glatt
1 Prise	Salz
250 ml	Milch
1	Ei
1	Eigelb
	Maiskeimöl zum Herausbacken

ZUBEREITUNG

Mehl in eine Schüssel geben, Salz und die Hälfte der Milch hineinleeren und mit einem Schneebesen durchrühren. Schnell, aber nicht zu lange, bis der Teig glatt ist. Die restliche Milch dazugeben und nochmals durchrühren. Wir wollen doch nicht, dass der Teig zäh wird. Absolutes Tabu: Pürierstab!!! Den Teig 20 Minuten stehen lassen. Ei und Eigelb einrühren und nochmals 10 Minuten rasten lassen.
Eine beschichtete Pfanne heiß werden lassen, jetzt erst etwas Öl hineingeben und mit einem passenden Schöpflöffel den Teig dünn in die Mitte der Pfanne einfließen lassen. Durch Drehen und Wenden der Pfanne den Teig gleichmäßig verteilen und goldbraun anbacken. Einmal wenden, bis 5 zählen und aus der Pfanne heben.

So kenne und liebe ich die Palatschinken aus meiner Kindheit: Einfach jede fertige, noch heiße Palatschinke mit Marillenmarmelade bestreichen, einrollen und mit Staubzucker bestreuen. Ganz einfach und genial!

MARILLENMARMELADE

ZUTATEN

2 kg	Marillen, gut gewaschen, entkernt und geviertelt
1 kg	Gelierzucker
1 TL	Vanillezucker, gehäuft
100 ml	Zitronensaft, frisch gepresst
4 TL	Marillenschnaps oder Rum, über 45 % Alkohol

ZUBEREITUNG

Die Marillen mit dem Gelierzucker vermischen und 2 Stunden im Kühlschrank ziehen lassen. In einen großen Topf geben, Vanillezucker und Zitronensaft dazugeben und aufkochen lassen. 5 Minuten kochen lassen – aber keine Minute mehr! Mit einem Pürierstab ganz kurz durchmixen – ich mag's, wenn noch kleine Stücke zu sehen sind. Dann die Marmelade noch kochend in Rexgläser füllen. Pro Glas 1 TL Alkohol auf die Marmelade geben, anzünden und sofort verschließen.

POWIDLTASCHERL
MIT KARDAMOMBRÖSEL

FÜR 10 PERSONEN

600 g	Erdäpfel, mehlig
50 g	Butter, flüssig
200 g	Mehl, glatt
50 g	Weizengrieß
2	Eigelb
1 Prise	Salz
250 g	Powidl
2 cl	Rum
1 TL	Zimt, gemahlen
	Staubzucker zum Bestreuen

FÜR DIE KARDAMOMBRÖSEL

200 g	Butter
200 g	Semmelbrösel
40 g	Kristallzucker
½ TL	Kardamom, gemahlen

ZUBEREITUNG

Das Backrohr auf 160 Grad Ober- und Unterhitze vorheizen. Die Erdäpfel gut waschen, mit der Schale kochen, abseihen, schälen und mit einer Erdäpfelpresse passieren. In noch warmem Zustand – nicht heiß – mit Butter, Mehl, Grieß, Eigelb und Salz vermischen und zu einem Teig kneten. 20 Minuten rasten lassen.
In der Zwischenzeit Powidl mit Rum und Zimt verfeinern. Die Semmelbrösel auf ein Backblech geben und für ca. 15 Minuten ins Rohr stellen. Bitte des Öfteren durchschütteln. Die Brösel werden dadurch gleichmäßiger braun und bekommen einen wunderbar nussigen Geschmack.
Den Teig ca. 5 mm dick ausrollen und rund ausstechen (ca. 8 cm im Durchmesser). In die Mitte jedes Teigkreises einen Teelöffel Powidl setzen. Den Teigrand mit Wasser bestreichen, die Taschen zusammenfalten und die Ränder zusammendrücken. In leicht kochendem Salzwasser ca. 5 Minuten ziehen lassen.
Für die Kardamombrösel die Butter in eine heiße, beschichtete Pfanne geben und aufschäumen lassen. Brösel, Kristallzucker und Kardamom dazugeben und umrühren.
Nun die Tascherl mit einem Siebschöpfer aus dem Topf nehmen und in den Bröseln schwenken. Mit Staubzucker bestreuen.

MARILLENKNÖDEL

FÜR 10 PERSONEN

1 kg	Erdäpfel, groß, mehlig
300 g	Mehl, glatt
300 g	Mehl, griffig
2 EL	Weizengrieß
2 EL	Maiskeimöl
2	Eigelb
1	Ei
1 Prise	Salz
	Muskatnuss, gerieben
1,5 kg	Marillen
100 g	Marzipan
	Staubzucker zum Bestreuen

FÜR DIE BUTTERBRÖSEL

100 g	Semmelbrösel
4 EL	Butter
2 EL	Kristallzucker
1 TL	Vanillezucker
½ TL	Zimt, gemahlen

ZUBEREITUNG

Die Erdäpfel am Vortag (in der Schale) kochen, abseihen und schälen. Ausgekühlt kommen sie dann in den Kühlschrank. „Nicht zudecken", sagt meine Oma! Am nächsten Tag faschiert Oma dann die Erdäpfel. Sie verwendet dazu einen mit einer Handkurbel betriebenen Fleischwolf aus dem 19. Jahrhundert. Ich nehme eine Erdäpfelpresse – das geht schneller! Die Erdäpfel sollten nicht mehr feucht sein – wenn doch, dann hast du eine andere Sorte Erdäpfel genommen als ich, aber kein Problem, dann nimmst du einfach beim Rezept ca. 60 g Mehl mehr. Aus den Erdäpfeln auf der Arbeitsfläche einen vulkanähnlichen Haufen machen und in der Mitte darf der Krater nicht fehlen. Das Mehl und den Grieß darauf verteilen und in den Krater das Öl, die Eier, etwas Salz und Muskat geben und jetzt rasch zu einem geschmeidigen Teig verarbeiten. Ich forme daraus immer 2 Kugeln. Diese 30 Minuten rasten lassen.

In der Zwischenzeit kannst du dich um die Marillen kümmern. Wenn die Marillen reif sind, am Strunkansatz den Kochlöffelstiel ansetzen und dann ganz leicht den Kern durchdrücken. So hat es meine Oma immer gemacht. Natürlich kannst du die Marillen auch auseinanderschneiden.

Aus dem Marzipan kleine Kugeln formen und als Kernersatz in die Marillen stopfen. Wer kein Marzipan mag, kann auch Würfelzucker nehmen.

Den Teig aus dem Kühlschrank nehmen und nochmals auf einer bemehlten Arbeitsfläche durchkneten. Zu einer Rolle formen, 5 cm dicke Scheiben herunterschneiden und die Marillen darin einwickeln. Die Teig-Enden fest zudrücken, damit sie beim Kochen nicht aufgehen, und mit feuchten Händen zu einem Knödel formen. In einem großen Topf reichlich Wasser mit ein wenig Salz zum Kochen bringen. Die Knödel vorsichtig einlegen, aufkochen lassen und leicht köchelnd 10–12 Minuten ziehen lassen. Die Knödel immer zugedeckt kochen – sagt meine Oma!

Für die Butterbrösel die Brösel auf ein Backblech geben und bei 180 Grad Ober- und Unterhitze für ca. 10 Minuten ins Backrohr geben, immer wieder umrühren. Dadurch bekommen sie eine schöne, gleichmäßige Farbe. Eine beschichtete Pfanne heiß werden lassen. Die Butter hineingeben und aufschäumen lassen. Die Brösel dazugeben und durchschwenken. Zucker, Vanillezucker und Zimt hinzufügen und darin die Knödel vorsichtig wälzen. Mit Staubzucker bestreuen – fertig!

TOPFENKNÖDEL

FÜR 4 PERSONEN

250 g	Topfen, 20 %, abtropfen lassen, am besten in einem Geschirrtuch, dann wiegen
60 g	Butter, flüssig
1 EL	Sauerrahm
1 TL	Vanillezucker
1	Zitrone, unbehandelt, nur die Schale
1 Prise	Salz
1	Ei
1	Eigelb
45 g	Mehl, glatt
60 g	Hartweizengrieß
	Butterbrösel (siehe links)

ZUBEREITUNG

Den Topfen mit flüssiger Butter, Sauerrahm, Vanillezucker, Zitronenschale, Salz und den Eiern gut miteinander verrühren. Mehl und Grieß zusammenmischen und unter die Masse rühren. Den Teig mindestens 2 Stunden kalt stellen. Daraus Knödel formen, in leicht gesalzenes, kochendes Wasser einlegen und 10 Minuten leicht kochen. Mit einem Siebschöpfer herausheben und auf einem sauberen Geschirrtuch abtropfen lassen. In eine vorbereitete Pfanne mit Butterbrösel geben und darin leicht schwenken.

APFEL-BUTTERMILCH-SCHEITERHAUFEN

FÜR 6 PERSONEN

6	Äpfel, säuerlich
6 EL	Mehl, glatt
500 ml	Buttermilch
1	Zitrone, unbehandelt, der Saft und die fein geriebene Schale
1 TL	Vanillezucker
4 EL	Staubzucker
4	Eigelb
4	Eiweiß
1 Prise	Salz
4 EL	Kristallzucker
1 EL	Butter zum Ausfetten der Form
1 Pkg.	Brioche-Toast, geschnitten (ca. 700 g)

ZUBEREITUNG

Ich schäle beim Scheiterhaufen die Äpfel nicht. Ich steche mit einem runden Ausstecher (3 cm Durchmesser) das Kerngehäuse aus und schneide die Äpfel in 2 cm dicke Scheiben.
Für den Teig das Mehl in eine große Schüssel geben und mit der Buttermilch glatt rühren. Zitronensaft, Zitronenschale, Vanillezucker, Staubzucker und Eigelb unterrühren und 10 Minuten rasten lassen. Das Backrohr auf 180 Grad Ober- und Unterhitze vorheizen. In der Zwischenzeit das Eiweiß aufschlagen, Salz dazugeben und langsam den Kristallzucker einrieseln lassen und zu festem Schnee schlagen. Den Schnee unter die Masse heben.
Eine längliche Kastenform mit Butter ausfetten. Nun die Masse in die Form füllen und abwechselnd Toastbrot und Apfelscheiben ganz dicht nebeneinander in die Form legen. Dann für 45 Minuten ins Rohr geben. Bitte des Öfteren hineinschauen, damit der Scheiterhaufen nicht verbrennt. Sollte er dunkel werden, mit Alufolie gut abdecken. Hast du schon mal Vanilleeis zum Scheiterhaufen gegessen? Wenn nicht, unbedingt probieren.

DUKATEN-BUCHTELN

FÜR 10 PERSONEN

$^{3}/_{8}$ l	Milch
30 g	Germ
80 g	Kristallzucker
400 g	Mehl, glatt
100 g	Butter, flüssig
½	Zitrone, unbehandelt, nur die fein geriebene Schale
1 Prise	Salz
4	Eigelb
1 TL	Vanillezucker
6 EL	Butter, flüssig

ZUBEREITUNG

$^{1}/_{16}$ l erwärmte Milch, zerbröckelten Germ, Zucker und 1 TL Mehl zu einem Vorteig verarbeiten. Mit einem Geschirrtuch abdecken, an einen warmen Ort stellen und 20 Minuten gehen lassen.
100 g flüssige Butter, Zitronenschale, Salz und Eigelb mit der restlichen warmen Milch verrühren und mit dem restlichen Mehl, dem Vanillezucker sowie dem Vorteig zu einem Teig vermischen. So lange schlagen, bis dieser eine seidige Beschaffenheit erhält. Den Teig zudecken und zu $^{2}/_{3}$ aufgehen lassen. Dann den Teig nochmals mit einem Kochlöffel zusammenschlagen, mit einem Geschirrtuch abdecken, an einen warmen Ort stellen und nochmals 20 Minuten gehen lassen. Danach fingerdick ausrollen. Mit einem Ausstecher kleine Kreise ausstechen, 2–3 cm im Durchmesser, zu Sackerln formen, durch die flüssige Butter ziehen und verkehrt in eine gebutterte Backform setzen. Wie du merkst, sind Dukatenbuchteln kleine, nicht gefüllte Buchteln. Natürlich kannst du den Teig auch größer ausstechen und in die Mitte der Kreise Marillenmarmelade oder Powidl geben. Wenn die Form voll ist, mit etwas flüssiger Butter bestreichen, abdecken und nochmals für 15 Minuten gehen lassen. Das Backrohr auf 170 Grad Ober- und Unterhitze vorheizen. Für ca. 30 Minuten ins Rohr geben. Mit Vanillesauce (siehe Seite 129) genießen.

MARMORGUGLHUPF

FÜR 6 PERSONEN

4 Eier
110 g Butter
70 g Staubzucker
1 TL Vanillezucker
1 Zitrone, unbehandelt, nur die fein geriebene Schale
170 g Mehl, glatt
5 g Backpulver
Prise Salz
70 g Kristallzucker
8 EL Milch
17 g Kakaopulver
1 Msp. Zimt, gemahlen
1 große Guglhupfform (oder Kastenform)
Butter und Mehl für die Form
Staubzucker zum Bestreuen

ZUBEREITUNG

Das Backrohr auf 180 Grad Ober- und Unterhitze vorheizen.
Die Eier trennen. Die Butter in einer Schüssel mit Eigelb, Staub- und Vanillezucker sowie der Zitronenschale schaumig rühren. Das Mehl mit dem Backpulver mischen. Das Eiweiß in einer zweiten Schüssel halb schlagen, dann Salz und Kristallzucker hinzufügen und zu einem festen Schnee schlagen. Jetzt abwechselnd Mehl, Eischnee und 6 EL Milch unter die Buttermasse heben. Das Kakaopulver mit den restlichen 2 EL Milch glatt rühren. Ein Drittel der Teigmasse in eine andere Schüssel geben und die Kakao-Milch-Mischung und Zimt unterrühren.
Eine Guglhupfform mit etwas Butter ausfetten und mit ein paar EL Mehl auskleiden. Zuerst die Hälfte der hellen Teigmasse in die Form geben, dann die dunkle darauf verteilen und mit dem restlichen hellen Teig abschließen. Mit einem Löffel kreisförmig durch den Kuchen fahren – so entsteht das typische Muster. Für 60 Minuten ins Rohr stellen. Sollte der Kuchen nach 40 Minuten auf der Oberfläche bereits zu dunkel sein, ihn mit Alufolie abdecken. Nach dem Backen herausnehmen und 10 Minuten in der Form abkühlen lassen. Stürzen und mit Staubzucker bestreuen.

TIPP *Woran man erkennen kann, ob der Guglhupf fertig ist: Du brauchst einen Spieß aus Holz oder Metall – es geht auch eine dünne Fleischgabel. Das Rohr öffnen, den Kuchen bis ca. zur Hälfte der Masse anstechen, den Spieß wieder herausziehen und schauen, ob etwas von der Masse am Spieß kleben bleibt. Sollte dies der Fall sein, braucht der Guglhupf noch etwas länger im Backrohr.*

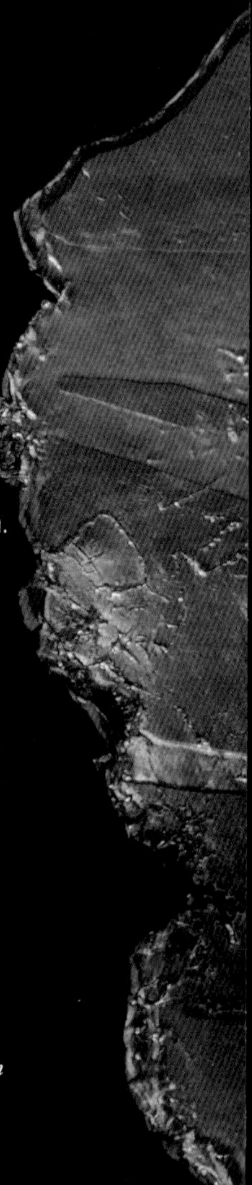

RIBISELKUCHEN
IM SCHNEEGESTÖBER

ZUTATEN

7	Eigelb
80 g	Staubzucker
1 TL	Vanillezucker
1	Zitrone, unbehandelt, nur die fein geriebene Schale
1	Orange, unbehandelt, nur die fein geriebene Schale
7	Eiweiß
1 Prise	Salz
80 g	Kristallzucker
160 g	Mehl, glatt und gesiebt
1 Msp.	Backpulver
170 g	Butter, flüssig
2 EL	Milch
300 g	Ribisel

FÜR DAS SCHNEEGESTÖBER

5	Eiweiß
200 g	Kristallzucker
1	Zitrone, nur der Saft

ZUBEREITUNG

Das Backrohr auf 180 Grad Ober- und Unterhitze vorheizen. In einem Schneekessel das Eigelb aufschlagen. Staubzucker und Vanillezucker dazugeben und weiterschlagen. Dann Zitronen- und Orangenschalen hinzufügen und durchrühren. Das Eiweiß in einem Schneekessel schlagen, bis sich das Volumen verdoppelt hat. Nun langsam Salz und den Kristallzucker einrieseln lassen und weiterschlagen, bis ein fester Schnee entsteht. Das Mehl mit Backpulver vermischen. Dann abwechselnd Eischnee und Mehl zur Eigelbmasse dazugeben und gut unterheben. Die flüssige Butter langsam einrinnen lassen und die Milch hinzufügen. Gleichmäßig auf ein mit Backpapier ausgelegtes Blech streichen, mit den Ribiseln belegen und für 40 Minuten ins Rohr stellen. Danach herausnehmen und überkühlen lassen. Das Backrohr nicht abdrehen. Für das Schneegestöber das Eiweiß in einem Schneekessel halb steif schlagen. Dann langsam den Kristallzucker einrieseln lassen, den Zitronensaft ebenfalls langsam dazugeben und zu einem festen Schnee schlagen. Nun den Schnee auf dem Kuchen verteilen und bei gleicher Hitze nochmals ins Rohr stellen und kurz überbacken.

CREMESCHNITTEN

ZUTATEN

3 Pkg.	Blätterteig
12 Blatt	Gelatine
120 g	Maisstärke (Maizena)
1 l	Milch
8 EL	Kristallzucker
4 cl	Rum
1	Vanilleschote, der Länge nach aufgeschnitten und das Mark herausgekratzt
1 TL	Vanillezucker
4	Eigelb
4 Becher	Schlagobers (à 250 ml)
	Marillenmarmelade zum Bestreichen

FÜR DIE GLASUR

250 g	Staubzucker
25 ml	Wasser

TIPP *Es ist empfehlenswert, das Deckblatt bereits in Stücke zu schneiden und diese auf die Creme zu legen. Dies erleichtert nachher das Schneiden.*

ZUBEREITUNG

Das Backrohr auf 200 Grad Ober- und Unterhitze vorheizen. Die Blätterteige der Länge nach durchschneiden und mit einer Gabel mehrmals einstechen. Auf ein mit Backpapier ausgelegtes Blech geben und alle 6 Teigstücke im Backrohr ca. 15–20 Minuten goldgelb backen. Die Gelatine in kaltem Wasser einweichen. Maisstärke mit einigen Löffeln kalter Milch glatt rühren. Die restliche Milch, den Zucker, Rum, Vanillemark und Vanillezucker aufkochen. Die Maisstärke unter ständigem Rühren in die kochende Milch geben und diese damit binden. Die Masse auf kleiner Flamme noch 3–4 Minuten kochen lassen. Vom Herd nehmen und die 4 Eigelb einrühren. Die Gelatine ausdrücken und ebenfalls gut in die Masse rühren. In eine Schüssel geben und im Kühlschrank erkalten lassen. Das Schlagobers halb schlagen und unter die erkaltete Masse heben. Marillenmarmelade auf ein Blätterteigblatt streichen, etwas von der fertigen Creme darauf verteilen, ein zweites Blätterteigblatt daraufgeben. Dieses wieder mit der Marillenmarmelade bestreichen. Wieder Creme daraufgeben und verteilen und das dritte Blätterteigblatt daraufsetzen. Wieder mit Marillenmarmelade bestreichen und zum Abkühlen in den Kühlschrank stellen. Mit den drei anderen Blätterteigblättern gleich verfahren. Staubzucker mit Wasser gut verrühren und diese Glasur nach 2 Stunden auf die Cremeschnitte geben. Nochmals 2 Stunden in den Kühlschrank stellen, aufschneiden und genießen.

ESTERHÁZY-SCHNITTEN

FÜR DIE TORTENBÖDEN

3/16 l	Eiweiß
150 g	Kristallzucker
1 EL	Vanillezucker
1 Prise	Salz
150 g	Haselnüsse, gerieben
20 g	Mehl, glatt

FÜR DIE CREME

2 Pkg.	Vanillepuddingpulver
500 ml	Milch
1 TL	Vanillezucker
3	Eigelb
300 g	Butter, handwarm
250 g	Staubzucker
1/16 l	Weinbrand

FÜR DIE GLASUR

	Marillenmarmelade zum Bestreichen
30 g	Schokolade, dunkel
200 g	Fondant

ZUBEREITUNG

Das Backrohr auf 180 Grad Ober- und Unterhitze vorheizen. Für die Creme das Vanillepuddingpulver mit 1/8 l Milch in einem Schneekessel glatt rühren. Die restliche Milch und den Vanillezucker in einen Topf geben und aufkochen lassen. Das Vanillepuddingpulvergemisch in die Milch rühren und 1 Minute kochen lassen. Das Eigelb in den Pudding rühren, der nicht mehr kochen sollte. Gleich in eine Schüssel geben und im Kühlschrank auskühlen lassen, bis er fest ist. Für die Tortenböden das Eiweiß in einem Schneekessel anschlagen. Weiterschlagen und langsam den Kristallzucker dazugeben. Vanillezucker und Salz beimengen und das Eiweiß zu festem Schnee ausschlagen. Haselnüsse und Mehl miteinander vermischen und vorsichtig unter das Eiweiß heben. Auf 2 mit Backpapier ausgelegten Backblechen dünn aufstreichen und im Rohr ca. 10 Minuten hellbraun backen. Herausnehmen und vorsichtig das Backpapier entfernen. In 6 gleich große Stücke schneiden. Die handwarme Butter sehr schaumig rühren. Den Staubzucker dazugeben und weiterschlagen, bis er sich aufgelöst hat. Den festen Pudding löffelweise unterrühren. Weinbrand einmengen und glatt rühren. Die Schnittenböden mit der Creme schichtenweise bestreichen, übereinandersetzen und sofort für 2 Stunden in den Kühlschrank geben. Herausnehmen und das Deckblatt mit passierter, erwärmter Marillenmarmelade dünn bestreichen. Die Schokolade erweichen (wenn zu dick, mit Öl verdünnen), dabei nicht über 30 Grad erhitzen, und in ein Papierstanitzel mit kleiner Öffnung füllen. Fondant lippenwarm im Wasserbad auflösen und mit einem glatten Messer auf das Deckblatt aufstreichen. Mit der Schokolade Streifen auf die Glasur spritzen und mit einem kleinen Messer von der Mitte aus 8-mal nach außen und 8-mal nach innen ziehen – so entsteht das charakteristische Esterházy-Muster. Überlaufenden Fondant abschneiden. Am besten schmeckt die Schnitte, wenn du sie über Nacht in den Kühlschrank stellst.

SCHNELLER KIRSCHKUCHEN

ZUTATEN

1 kg	Kirschen
6	Eier
6	ei-schwer Butter
6	ei-schwer Kristallzucker
1	Zitrone, unbehandelt, nur die fein geriebene Schale
1 TL	Vanillezucker
6	ei-schwer Mehl, griffig
2 Msp.	Backpulver
	Staubzucker zum Bestreuen

ZUBEREITUNG

Das Backrohr auf 180 Grad Ober- und Unterhitze vorheizen. Die Kirschen entkernen. Die Eier trennen. Die Butter in eine Schüssel geben und mit ⅔ des Zuckers schaumig rühren. Zitronenschale, Vanillezucker und Eigelb hinzufügen und schaumig rühren. Das Mehl mit dem Backpulver mischen. Das Eiweiß halb schlagen, den restlichen Zucker dazugeben und zu festem Schnee schlagen. Nun abwechselnd Mehlmischung und Schnee unter die Buttermasse heben – am Schluss sollte noch 1 Teil Schnee übrig bleiben, der als Letztes untergehoben wird. Ein Backblech mit Backpapier auslegen, die Masse darauf verteilen und mit Kirschen bestreuen. Im Rohr ca. 45 Minuten backen. Herausnehmen und mit Staubzucker bestreuen.

OMA

VANILLEKIPFERL „OMA RIEDER“

ZUTATEN

180 g	Mehl, glatt
180 g	Mehl, griffig
160 g	Staubzucker
280 g	Butter, mit einer groben Reibe gerissen, Zimmertemperatur
140 g	Walnüsse, gerieben
½ Pkg.	Vanillezucker
4	Eigelb
200 g	Staubzucker
4 EL	Vanillezucker

ZUBEREITUNG

Das Mehl auf eine Arbeitsfläche sieben, in die Mitte eine Mulde drücken. Staubzucker, Butter, Walnüsse, Vanillezucker und Eigelb hineingeben und alles rasch zu einem glatten Teig verkneten. 1 Stunde im Kühlschrank rasten lassen. Das Backrohr auf 200 Grad Ober- und Unterhitze vorheizen. Aus dem Teig dünne Rollen formen (ungefähr in der Dicke des kleinen Fingers), diese mit einer Teigkarte oder einem Messer jeweils nach 5 cm abschneiden und daraus Kipferl formen. Auf ein mit Backpapier ausgelegtes Blech legen und im Rohr 8–10 Minuten backen. Herausholen, sofort vom Blech nehmen und in der Staubzucker-Vanillezucker-Mischung wälzen.

TIPP *Was ich mir zu den Vanillekipferln überlegt habe, sind die Vanillekipferl-Sticks. Sie sind noch einfacher zu machen, schmecken aber genauso gut.*

BURGENLÄNDER KIPFERL

ZUTATEN

20 g	Germ
60 ml	Milch, lauwarm
3	Eigelb
2 TL	Staubzucker
400 g	Mehl, griffig
250 g	Butter, mit einer groben Reibe gerissen
1 TL	Vanillezucker
1 Prise	Salz
	Staubzucker zum Bestreuen

FÜR DIE FÜLLE

2	Eiweiß
170 g	Kristallzucker
110 g	Walnüsse

ZUBEREITUNG

Den Germ in lauwarme Milch einbröseln und umrühren, bis er sich aufgelöst hat. Jetzt Eigelb und Staubzucker einrühren. Mehl, Butter, Vanillezucker, eine Prise Salz und die Germmischung zu einem glatten Teig verkneten – am besten mit einem Rührgerät. Den Teig in eine Klarsichtfolie geben und 30 Minuten rasten lassen. Das Backrohr auf 170 Grad Ober- und Unterhitze vorheizen.
Für die Fülle das Eiweiß in einem Schneekessel halb steif schlagen, langsam den Kristallzucker einrieseln lassen und weiterschlagen, bis der Schnee ganz steif ist. Tipp: Den Zucker nicht auf einmal dazugeben, sondern nach und nach beifügen, dann wird der Schnee perfekt.
Nach dem Rasten den Teig vierteln und jedes Stück 3 mm dick ausrollen. Jedes Teigstück mit der Fülle dünn bestreichen und etwas von den Walnüssen darüberstreuen. Dann jedes Stück von links nach rechts – oder umgekehrt – einrollen. Vier ca. 5–7 cm breite Rollen liegen jetzt vor dir, also vom Bauchnabel gerade weg. Nun die Rollen leicht flach drücken und mit einem Keksausstecher Halbmonde ausstechen. Diese auf ein mit Backpapier ausgelegtes Backblech legen und ca. 15 Minuten backen. Danach sofort vom Blech nehmen und mit Staubzucker bestreuen. So, und jetzt kannst du ein kleines süßes Stück Heimat von mir essen.

REGISTER

GLOSSAR

ÖSTERREICHISCH-DEUTSCH

Backrohr – Backofen
Beiried – Rumpf- oder Lendenstück vom Rind
Brezn – Brezel
Eierschwammerl – Pfifferlinge
Einbrenn – Mehlschwitze
Erdäpfel – Kartoffeln
Essiggurkerl – Essiggurke
Faschieren – durchmahlen, durch einen Fleischwolf drehen
Faschiertes – Hackfleisch
Faschierte Laibchen – Frikadellen
Fisolen – grüne Bohnen
Fleckerl – quadratisch geschnittene Nudeln
Frittaten – in dünne Streifen geschnittener Eierkuchen/Pfannkuchen
Gatsch – weiche, breiige Masse, Matsch
Gefriersackerl – Gefrierbeutel
Germ – Hefe
Grammel – Griebe
Griller – Grill
Hendl – Huhn
Karotten – Möhren
Kas – Käse
Kipferl – Hörnchen
Kraut – Kohl
Kren – Meerrettich
Krenreißer – Reibe
Laugenstangerl – Laugenstange
Leberknödel – Leberklöße, -klößchen
Marmelade – Konfitüre
Nockerl – Klöße
Palatschinken – Eierkuchen, Pfannkuchen
Paradeiser – Tomaten
Plastiksackerl – Tüte
Powidl – Zwetschgenmus, Pflaumenmus
Reindl – Rein
Ribisel – Johannisbeeren
Rindsuppe – Fleischbrühe vom Rind
Rindswangerl – Rindswange
Rote Rübe – Rote Bete
Roter Rübensaft – Rote-Bete-Saft
Sackerl – Tasche, Täschchen
Sauerrahm – Saure Sahne
Schafkäse – Schafskäse
Schlagobers – Sahne
Schopf – Schweinekamm
Schopfbraten – gebratener Kamm des Schweines
Schweinsbackerl – Schweinebacke
Schweinsbraten – Schweinebraten
Selchschinken – Kochschinken (selchen – räuchern)
Semmel – Brötchen
Siebschöpfer – Schaumlöffel
Spritzsack – Spritzbeutel
Staubzucker – Puderzucker
Striezel – Hefezopf
Tiroler Graukäse – Sauermilchkäse
Topfen – Quark
Vogerlsalat – Feldsalat
Zwetschke – Pflaume
Zwetschkenröster – Pflaumenmus, -kompott

DANKE

Allen voran danke ich meiner Frau Sandra, die mich stets geduldig, verständnisvoll und fürsorglich unterstützt hat. Durch ihr Organisationstalent und ihr handwerkliches Geschick in der Küche hat sie wesentlich zur Entstehung dieses Buches beigetragen. Danke, mein Schatz!

Ich danke meinen Kindern Valentin, Noah und Moritz, die mich mit ihrer Lebendigkeit und Fröhlichkeit immer wieder aufs Neue inspirieren. Und meiner Schwiegermutter Uschi, die aufopfernd auf Sweetheart Valentin aufgepasst hat.

Danke meiner gesamten Familie, besonders meinen beiden Omas, Steffi und Juzzi, für 40 Jahre Geduld und Liebe.

Ein ganz besonders großes Dankeschön an Petra Lindenbauer von *contemporary ceramics* für die Kreation und Bereitstellung der Teller, für die Zeit und die spürbare Harmonie auf jedem Bild, die ihre Keramik vermittelt.

Danke an meine Verleger Stanzi und Bernhard Borovansky.

Besonderer Dank und tiefste Wertschätzung an Anita Luttenberger und Victoria Pazera, meine Lektorinnen, die in mühsamer Kleinarbeit meine Rezepte mental nachgekocht haben, und Alexandra Schepelmann und Martin Zechner, die sie grafisch umgesetzt haben. Danke, lieber Michael, für deine Geduld, Flexibilität und Ausdauer, doppelt hält besser.

Danke meinen Freunden, Andi Ertl, Vito Antunovic, und meinem Lehrling Tamara Zlatnik, die mich tatkräftig unterstützt haben.

Danke auch den beiden Lieferanten für die Bereitstellung der Lebensmittel für die Fotosessions. Ohne die tolle Qualität der Produkte wären die Gerichte nur halb so gut geworden:

KASTNER GRUPPE

UNIVEG AUSTRIA

Bernie Rieder
Oma.Koch.Buch
braumüller

Bernie Rieder interpretiert die österreichische Küche: vom perfekten Schweinsbraten bis zum Backhendl im Basilikum-Holunderteig, vom Feuerfleck mit Erdäpfeln und Eierschwammerln bis zum Regenbogenforellen-Dim-Sum, vom klassischen Kaspressknödel bis zum Kipferlschmarrn mit Lemon Curd.

ÖSTERREICHISCHE KÜCHE RELOADED

Hardcover, 440 Seiten
mit 400 Farbfotografien von K.-M. Westermann
€ 29,90 | ISBN 978-3-99100-127-0

Bernie Rieder entführt Sie in die süße österreichische Küche. Neben beliebten Klassikern wie Kaiserschmarrn und Cremeschnitten finden sich süße innovative Kreationen von allseits bekannten Süßspeisen. Er kreiert etwa Apfelstrudel-Dim-Sum oder Schokoladentarte mit Vanillekipferlcreme. Ein Standardwerk für alle Naschkatzen!

SÜSSE ÖSTERREICHISCHE KÜCHE RELOADED

Hardcover, 280 Seiten
mit zahlreichen Farbfotografien von K.-M. Westermann
€ 29,90 | ISBN 978-3-99100-169-0

BERNIE RIEDER

Bernie Rieder, geboren im Burgenland, lernte bei den Spitzenköchen Reinhard Gerer in Wien sowie Roland Trettl und Eckart Witzigmann im Salzburger *Hangar-7.* Seine erste Stelle als Chefkoch trat er mit 21 in der *Eselmühl* in St. Margarethen (Burgenland) an. In Wien kochte er im *Graf Hunyady,* im *Das Turm* und im Restaurant *Österreicher im MAK.* Zuletzt erschienen: *Oma.Koch.Buch* (2011), *Österreichische Küche Reloaded* (2014) sowie *Süße Österreichische Küche* (2015).

KURT-MICHAEL WESTERMANN

Fotograf. Veröffentlichungen in den Magazinen Art, Die Zeit, Geo, Merian, Newsweek, Los Angeles Times, Le Figaro, Paris Match, National Geographic Society und Der Stern. Er hat viel beachtete und prämierte Bildbände fotografiert. Er ist Mitglied der Agenturen Corbis und Imagno, stellt international aus und lebt seit 2005 vor allem in Wien. www.km-westermann.com

IMPRESSUM

Bibliografische Information der Deutschen Nationalbibliothek
Die Deutsche Nationalbibliothek verzeichnet diese Publikation in der Deutschen Nationalbibliografie; detaillierte bibliografische Daten sind im Internet über http://dnb.d-nb.de abrufbar.

1. Auflage 2016

Servitengasse 5, A-1090 Wien
www.braumueller.at

Fotos: Kurt-Michael Westermann
Umschlag (Hintergrund): Ausschnitt von © Jeanette Dietl | shutterstock.com
Grafisches Konzept & Basislayout: Alexandra Schepelmann | schepelmann.at

Druck: Gorenjski tisk storitve, SI-4000 Kranj
ISBN 978-3-99100-190-4